FEDERATION FRANÇAISE D'EQU

ETRE CAVALIER

GALOPS 5, 6, 7

manuel officiel
de préparation
aux brevets fédéraux

lavauzelle

Illustrations : Laurence Jacquey
Mise en page : Jacques Blottière - **arts'a**
assisté de Laurence Jacquey et de Catherine Malen
Montage et photogravure : impression Lavauzelle
Crédit photo : P.S.V. Jean Morel - Béatrice Fletcher
Rédactrices : Catherine Malen et Laurence Jacquey

La Fédération Française d'Equitation est forte de plus de 3000 clubs affiliés et de plus de 4000 enseignants diplômés d'Etat.

Elle dispose ainsi d'un formidable réseau de formation destiné à ses licenciés.

Les clubs de la Fédération Française d'Equitation sont garants des techniques d'apprentissage d'une équitation typiquement française, riche de son histoire, dont les qualités actuelles sont également reconnues dans le monde entier. Les performances de nos équipes de France en font régulièrement la démonstration au plus haut niveau international .

La Fédération Française d'Equitation a le devoir :

- d'établir les programmes qui permettent de construire les plans de formation ;
- de proposer des méthodes d'apprentissage et d'en assurer la promotion ;
- de définir les programmes.

C'est dans cet esprit qu'a été réalisé cet ouvrage qui a pour ambition de vous apporter les connaissances et les contenus techniques des Galops 5, 6 et 7, Dressage, Saut d'Obstacles, Concours Complet, afin de prolonger l'action de votre enseignant sur le terrain.

La commission Formation de la Fédération Française d'Equitation en a établi le cahier des charges. L'ensemble des textes a été soumis aux critiques constructives de l'Ecole Nationale d'Equitation, du collège des Conseillers Techniques Régionaux, d'experts par disciplines et des Entraîneurs Nationaux.

Ainsi, après un long travail collectif de concertation, le texte s'est affiné, construit, enrichi.

Merci à tous ceux qui ont participé à cette réalisation. Grâce à eux, cet excellent manuel est bien celui que la Fédération Française d'Equitation se devait de produire, au service de ses cavaliers et du développement d'une équitation de qualité.

François Piquemal
Directeur technique national
de la
Fédération Française d'Equitation

ETRE CAVALIER

Pour vous repérer dans les connaissances relatives à chaque galop, il vous suffit de consulter le bas des pages où apparaissent les index en couleur comme suit :

GALOP 5 5 **GALOP 6** 6 **GALOP 7** 7

Sommaire

Connaissances générales

PROGRAMME OFFICIEL **GALOP 5**

Vous devez être capable de présenter un cheval ou un poney, stable dans ses allures et dans son attitude sur les tests d'équitation pratique du **Galop 5**.

▼	S'équilibrer
↕	Avancer
↗	Tourner

Equitation

Dressage

- ▼ Rechercher son équilibre assis. lors des changements d'allures.
- ↕ Maintenir une vitesse régulière dans chaque allure.
- ↕ Varier l'amplitude du pas.
- ↕ Prendre le galop en un point précis.
- ↗ Enchaîner et inverser des courbes serrées, au pas et au trot.
- ↗ Déplacer sa monture latéralement au pas.

Saut d'obstacles

- ▼ Rechercher son équilibre sur les étriers lors de sauts rapprochés en ligne droite.
- ↕ Maintenir une vitesse régulière, au galop, en enchaînant des sauts.
- ↗ Conduire au galop en enchaînant des sauts.

Cross

- ▼ Stabiliser son équilibre, au trot enlevé, en terrain varié.
- ↕ Maintenir une vitesse régulière au galop, en enchaînant des sauts.
- ↗ Conduire au galop, en enchaînant des sauts.

Soins

- Poser des bandes de repos.
- Poser et enlever des crampons.

Connaissances

- Généralités sur le squelette et les muscles.

PROGRAMME OFFICIEL **GALOP 6**

Vous devez être capable de présenter un cheval ou un poney, stable dans ses allures et dans son attitude sur les tests d'équitation pratique du Galop 6

Equitation

Dressage

- Stabiliser son équilibre assis lors de transitions dans l'allure.
- Stabiliser son équilibre au trot enlevé lors de transitions dans l'allure.
- Stabiliser son équilibre assis, aux trois allures.
- Maintenir la cadence du galop.
- S'arrêter à partir du trot.
- Reculer de quelques pas.
- Contrôler la rectitude de sa monture, au trot, en ligne droite.
- Déplacer sa monture latéralement, au trot.

Saut d'obstacles

- Maintenir une cadence, au galop en enchaînant des sauts.
- Conduire au galop en enchaînant des sauts rapprochés.

Cross

- Rechercher son équilibre, sur les étriers, lors de sauts en terrain varié.
- Maintenir une vitesse régulière, en enchaînant des sauts en terrain varié.

Travail à pied

- Longer aux deux mains, au pas et au trot, un cheval ou un poney enrêné et détendu.

Soins

- Présenter un cheval ou un poney en main.

Connaissances

- Les tendons.
- Anatomie et rôle du pied.
- Critères d'appréciation de l'état du pied et de la ferrure.
- Les allures :
  - mécanismes du pas, du trot, du galop et du reculer ;
  - allures artificielles ;
  - allures défectueuses ;
  - qualités des allures ;
  - les transitions d'une allure à l'autre, et dans une même allure.
- Les boiteries.

PROGRAMME OFFICIEL **GALOP 7**

Dressage, saut d'obstacles et cross

Vous devez disposer d'un niveau de pratique vous permettant de présenter votre cheval ou votre poney, dans un équilibre stable et une attitude adaptée sur une reprise de dressage, un parcours de saut d'obstacles, un parcours de cross.

Equitation

Dressage

- Stabiliser son équilibre assis, lors des transitions (dans l'allure et d'une allure à une autre).
- Contrôler la cadence de chaque allure.
- Faire varier les amplitudes du trot et du galop.
- Galoper à faux (contre galop).
- Enchaîner des courbes larges et inverses, au galop, en conservant le même pied.
- Déplacer sa monture latéralement du côté convexe, au pas et au trot.

Saut d'obstacles

- Stabiliser son équilibre en enchaînant des sauts.
- Adapter son équilibre lors d'un enchaînement de sauts.
- Adapter l'amplitude des foulées à l'enchaînement de sauts.
- Conduire sur un tracé précis et choisi pour enchaîner les sauts.

Cross

- Stabiliser son équilibre, sur les étriers, lors d'un enchaînement de sauts en terrain varié.
- Adapter son équilibre, sur les étriers, aux profils des obstacles et/ou aux éventuelles déclivités du terrain.
- Adapter la vitesse en fonction des difficultés du parcours.
- Conduire sur un tracé précis et choisi en enchaînant des sauts en terrain varié.

Travail à pied

- Travailler à la longe, un cheval ou un poney enrênê.

Soins

Les soins ci-après s'ajoutent à ceux des **Galops 5 et 6**

- Toiletter un cheval ou un poney.
- Démonter et remonter une bride pour l'entretenir.
- Embarquer et débarquer un cheval ou un poney.

Connaissances

Les thèmes ci-après s'ajoutent à ceux des **Galops 5 et 6**

- Les aplombs.
- L'hygiène et la santé.
- Les différents équilibres.
- La rectitude.
- Rôle et effet de la bride.
- Les enrênements.
- Le galop à faux.
- La cession à la jambe.
- Les différents profils et trajectoires des obstacles mobiles.

Le Galop 7 vous permet de demander votre licence de compétition 4ème catégorie en dressage, saut d'obstacles et concours complet d'équitation.

PHOTO PSV JEAN MOREL

Podium du championnat C.S.O. junior 1995

PROGRAMME OFFICIEL **Galop 5 de dressage**

Vous devez être capable de présenter un cheval ou un poney, stable dans ses allures et dans son attitude sur les tests d'équitation pratique du **Galop 5**.

Equitation

Dressage

- Rechercher son équilibre assis lors des changements d'allure.
- Maintenir une vitesse régulière dans chaque allure.
- Varier l'amplitude du pas.
- Prendre le galop en un point précis.
- Enchaîner et inverser des courbes serrées, au pas et au trot.
- Déplacer sa monture latéralement, au pas.

Soins

- Poser des bandes de repos.
- Poser et enlever des crampons.

Connaissances

- Généralités sur le squelette et les muscles.

PROGRAMME OFFICIEL **Galop 6 de dressage**

Vous devez être capable de présenter un cheval ou un poney, stable dans ses allures et dans son attitude sur les tests d'équitation pratique du Galop 6.

Equitation

Dressage

- Stabiliser son équilibre assis, lors de transitions dans l'allure.
- Stabiliser son équilibre au trot enlevé lors de transitions dans l'allure.
- Stabiliser son équilibre assis, aux trois allures.
- Maintenir la cadence du galop de sa monture.
- S'arrêter à partir du trot.
- Reculer de quelques pas.
- Contrôler la rectitude de sa monture, au trot, en ligne droite.
- Déplacer sa monture latéralement, au trot.

Travail à pied

- Longer aux deux mains, au pas et au trot un cheval, ou un poney enrêné et détendu.

Soins

- Présenter un cheval, ou un poney, en main.

Connaissances

- Les tendons.
- Anatomie et rôle du pied.
- Critères d'appréciation de l'état du pied et de la ferrure.
- Les allures :
  - mécanismes du pas, du trot, du galop et du reculer ;
  - allures artificielles ;
  - allures défectueuses ;
  - qualités des allures ;
  - les transitions d'une allure à l'autre, et dans une même allure.
- Les boiteries.

PROGRAMME OFFICIEL **GALOP 7 de dressage**

Vous devez disposer d'un niveau de pratique vous permettant de présenter votre monture dans un équilibre stable et une attitude adaptée sur une reprise de dressage.

Equitation

Dressage

- ▼ Stabiliser son équilibre assis, lors des transitions (dans l'allure et d'une allure à une autre).
- ↕ Contrôler la cadence de chaque allure.
- ↕ Faire varier les amplitudes du trot et du galop.
- ↗ Galoper à faux (contre galop).
- ↗ Enchaîner des courbes larges et inverses, au galop, en conservant le même pied.
- ↗ Déplacer sa monture latéralement du côté convexe, au pas et au trot.

Travail à pied

- Travailler, à la longe, un cheval ou un poney enrêné.

Soins

Les soins ci-après s'ajoutent à ceux des ***Galops 5 et 6***

- Toiletter un cheval ou un poney.
- Démonter et remonter une bride pour l'entretenir.
- Embarquer et débarquer un cheval ou un poney.

Connaissances

Les thèmes ci-après s'ajoutent à ceux des ***Galops 5 et 6***

- Les aplombs.
- L'hygiène et la santé.
- Les différents équilibres.
- La rectitude.
- Rôle et effet de la bride.
- Les enrênements.
- Le galop à faux.
- La cession à la jambe.
- La carrière de dressage.

Le Galop 7 vous permet de demander votre licence de compétition 4ème catégorie en dressage.

PHOTO PSV JEAN MOREL

Déplaceme ers la gauche.

PHOTO PSV JEAN MOREL

Trot allongé

PHOTO PSV JEAN MOREL

Concours Complet d'Equitation (C.C.E.)

PHOTO PSV JEAN MOREL

C.C.E. Poney

PHOTO PSV JEAN MOREL

Concours de Saut d'Obstacles (C.S.O.)

PHOTO PSV JEAN MOREL

C.S.O. Poney

Photo Béatrice FLETCHER

Etalon Pur Sang Arabe.

L'appareil locomoteur

***L'appareil locomoteur** est constitué d'os reliés entre eux par les articulations et mobilisés grâce aux muscles.*

Le squelette

On appelle « squelette » l'ensemble des os constituant la charpente d'un vertébré (exemple : les équidés, les humains), ...

Chaque os est composé de tissus vivants, protégés par une membrane fibreuse (périoste), et peut présenter à chacune de ses extrémités des protections appelées « cartilages articulaires ».

Les os peuvent être :

- longs : les os des canons, du bras, ... ;
- courts : les vertèbres, les os du carpe et du tarse, ... ;
- plats : l'omoplate (scapulum), certains os du crâne, ... ;

Les différentes parties du squelette sont classées en fonction de leurs rôles :

- le rachis (colonne vertébrale), qui transmet l'impulsion issue des membres postérieurs ;
- les deux ceintures (scapulaire pour les épaules, et pelvienne pour les hanches), qui lient les membres (antérieurs et postérieurs) à la colonne vertébrale ;
- les extrémités (les deux membres antérieurs, les deux membres postérieurs et la tête) qui ont pour rôle d'assurer la locomotion, l'équilibre...

La plupart des os sont en relation entre eux à travers un « bain articulaire » (liquide synovial), maintenu par une enveloppe étanche (capsule articulaire). C'est ce que l'on appelle les articulations.

Ainsi, la plupart des os peuvent être mis en mouvement les uns par rapport aux autres.

A retenir pour le Galop 5

Le squelette est la charpente osseuse du cheval ou du poney.

Se distinguent :

- ***la tête ;***
- ***la colonne vertébrale ou rachis constituée de vertèbres, soit :***
  - ***7 vertèbres cervicales ;***
  - ***18 vertèbres dorsales ;***
  - ***6 vertèbres lombaires ;***
  - ***5 vertèbres sacrées (soudées) ;***
  - ***15 à 18 vertèbres coccygiennes ;***
- ***le thorax ;***
- ***les membres.***

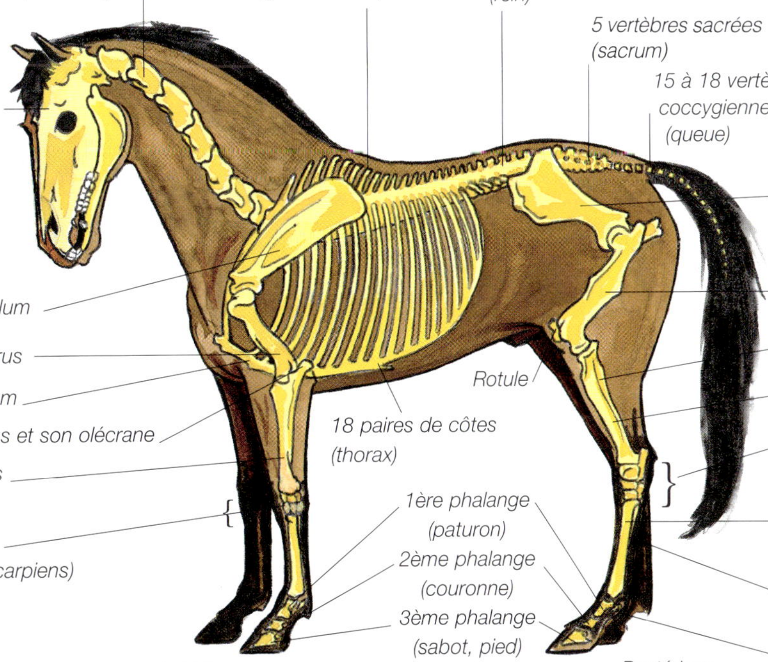

Les muscles

Les muscles sont les moteurs du mouvement. *Un muscle est une structure molle constituée d'un ensemble de fibres, qui agit, par ses contractions ou extensions, sur la mise en mouvement de la plupart des os entre eux et bien évidemment du corps en général.*

Il existe plusieurs types de muscles :

- les muscles lisses ou viscéraux dont la contraction est involontaire et inconsciente (exemples : muscles du tube digestif, des bronches, des parois artérielles...) assurent le fonctionnement interne du corps (respiration, digestion, flux sanguin), ...
- les muscles striés ou squelettiques, dont la contraction est volontaire, assurent les mouvements (locomotion) ;

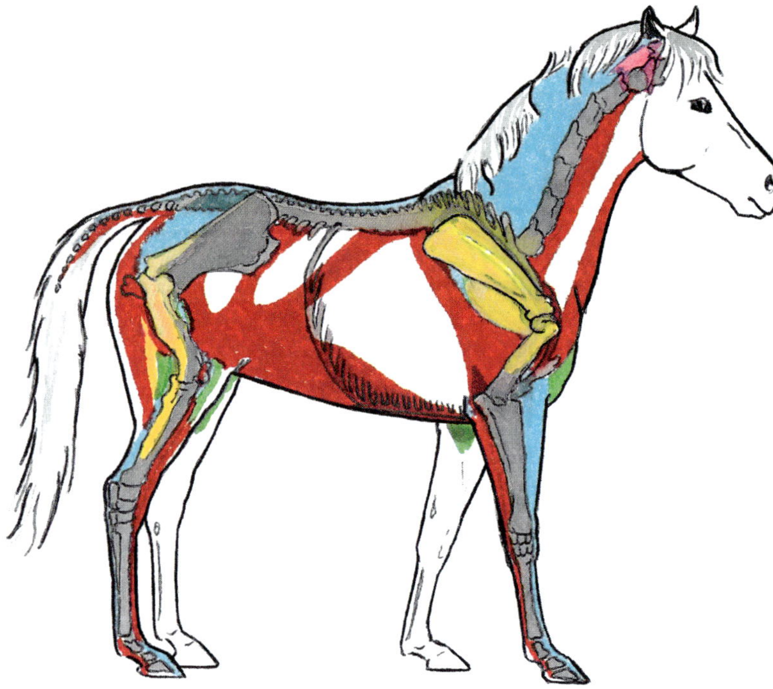

jaune = muscles abducteurs
vert = muscles adducteurs
bleu = muscles extenseurs
rouge = muscles fléchisseurs
rose = muscles rotateurs

Localisation sommaire des principaux groupes musculaires

- le muscle cardiaque (myocarde), exception qui confirme la règle, est un muscle viscéral strié, dont la contraction est involontaire, inconsciente et automatique. Le rythme cardiaque (pulsations par minute) varie en fonction de l'effort, de la période (éveil, sommeil), de l'état de santé, de la température extérieure...

Nous nous intéressons aux muscles assurant la locomotion.

Il existe cinq grands groupes de muscles moteurs :

- les muscles extenseurs, les muscles releveurs (ils éloignent un segment par rapport à l'axe du corps) ;
- les muscles fléchisseurs, les muscles abaisseurs (ils rapprochent un segment par rapport à l'axe du corps) ;
- les muscles abducteurs (ils écartent un segment de l'axe du corps) ;
- les muscles adducteurs (ils ramènent un segment vers l'axe du corps) ;
- les muscles rotateurs (ils font pivoter un segment par rapport à l'axe du corps ou par rapport à lui-même).

Les actions des différents muscles peuvent se combiner. Ainsi, les extenseurs se laissent étirer lorsque les fléchisseurs se contractent (et inversement), les abducteurs se contractent d'autant mieux que les adducteurs sont étirés par leurs insertions osseuses (et inversement).

Par ailleurs certains groupes musculaires peuvent fonctionner ensemble.

La collaboration entre des groupes musculaires différents est appelé « fonctionnement agoniste ».

Lorsque des muscles ne peuvent fonctionner ensemble, ou lorsque le fonctionnement de certains muscles altère la qualité du résultat escompté, on dit que ces muscles sont « antagonistes ».

Cela nous conforte, s'il en était besoin, dans l'idée que le dressage est non seulement profitable à l'amélioration de l'harmonie musculaire d'un cheval ou d'un poney, mais qu'il permet également de perfectionner tout geste, y compris celui du saut.

Localisation sommaire de muscles agonistes et antagonistes lors d'efforts différents :

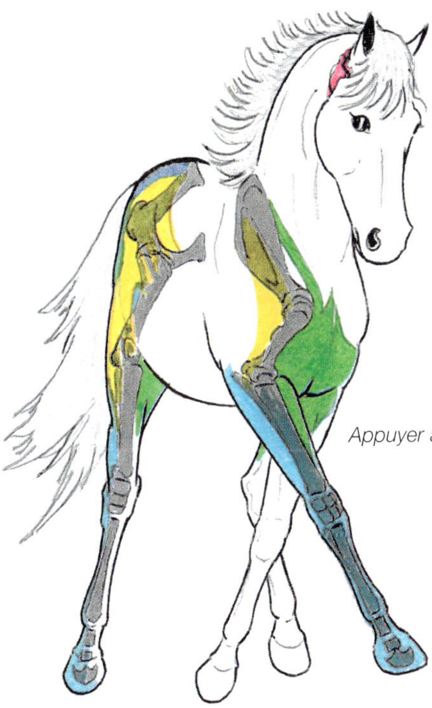

Appuyer à gauche au trot

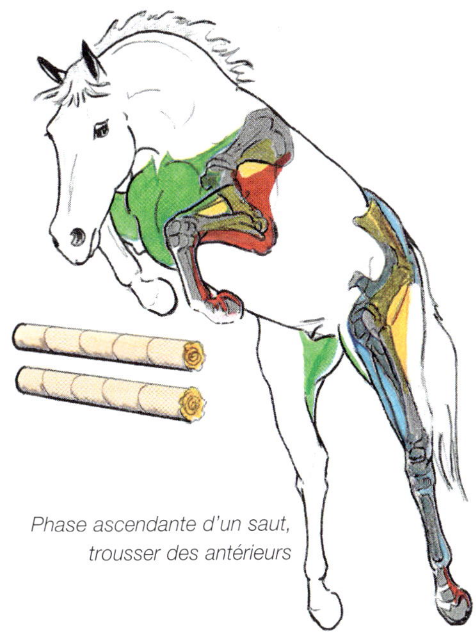

Phase ascendante d'un saut, trousser des antérieurs

A retenir pour le Galop 5

Les muscles sont les moteurs du mouvement. Il existe 5 groupes de muscles qui ont des fonctions différentes :

- ***les muscles extenseurs et les muscles releveurs ;***
- ***les muscles fléchisseurs et les muscles abaisseurs ;***
- ***les muscles abducteurs ;***
- ***les muscles adducteurs ;***
- ***les muscles rotateurs.***

Les tendons et les ligaments

***Les tendons et les ligaments** contribuent aux mouvements en reliant les os entre eux.*

Les muscles fléchisseurs et extenseurs du canon et des phalanges sont prolongés, à partir du genou pour les membres antérieurs, et du jarret pour les membres postérieurs, par des tendons qui s'insèrent sur les phalanges.

Les tendons

Les principaux tendons (terminaisons musculaires) que vous devez retenir sont :

- **le perforant** (ou fléchisseur profond), qui reçoit, sous le genou, le renfort de la bride carpienne puis traverse le tendon superficiel au niveau de l'anneau du perforé, passe en arrière du boulet dans la gaine des grands sésamoïdes grâce à la bourse du naviculaire et s'attache sur la troisième phalange qu'il mobilise grâce à son aponévrose (insertion) plantaire ;
- **le perforé** (fléchisseur superficiel), qui vient s'attacher sur les deux premières phalanges et les mobilise ;
- **les deux extenseurs des phalanges** (antérieur et latéral), qui, se rejoignent en bas du canon et assurent l'antagonisme fonctionnel (flexion et l'extension) de l'extrémité du membre.

Les ligaments

Les articulations sont renforcées par des *éléments de soutien* composés de fibres serrées et résistantes : **les ligaments.**

Par exemple : le ligament suspenseur du boulet qui assure une liaison ferme entre le carpe et le boulet. Ce n'est pas un tendon mais un muscle atrophié et sans fibre musculaire.

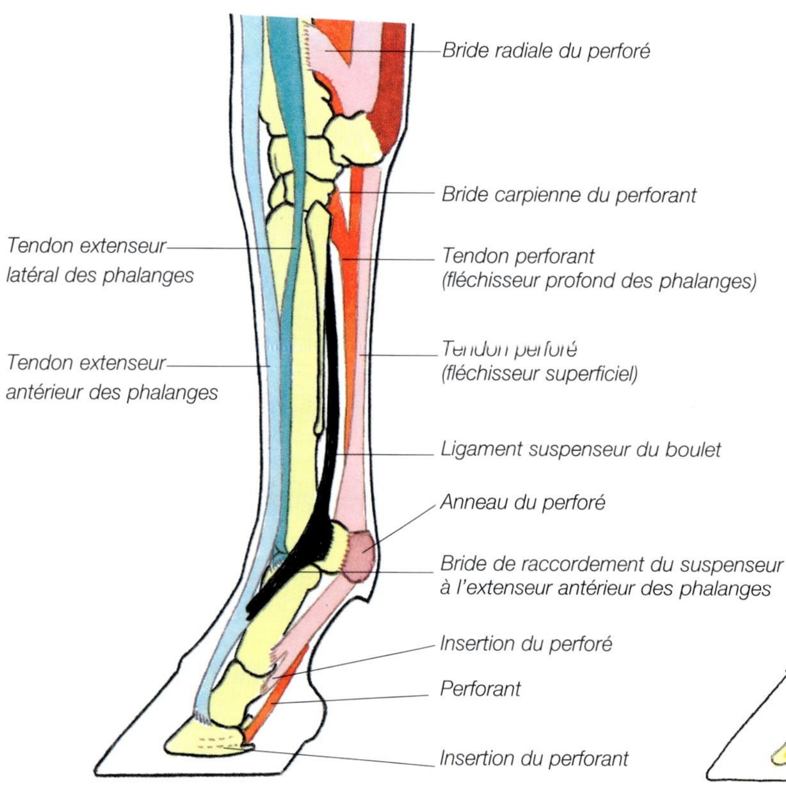

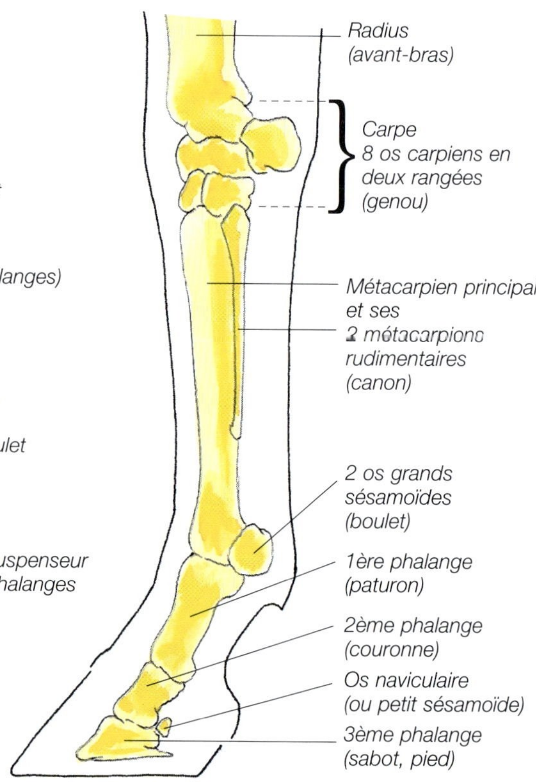

Le pied

Le pied est la partie inférieure de chaque membre. *Il est organisé pour supporter le poids du corps, amortir les chocs de la marche.*

Rôle amortisseur du pied

Quand le pied se pose à terre, l'os du pied, sous la pression du corps descend dans le sabot. Il est freiné par les feuillets de corne. Puis avec l'os naviculaire, il appuie sur le tendon fléchisseur, le coussinet plantaire et la fourchette.

Le coussinet plantaire est comprimé par le poids du corps entre les os et le tendon d'une part, la fourchette et le sol d'autre part. Son tissu, très élastique, part sur les côtés en venant buter contre les cartilages qui s'écartent en même temps que les talons ; en arrière, il est maintenu par les glomes de la fourchette qu'il fait gonfler.

C'est pourquoi, vu l'importance du rôle du coussinet plantaire dans l'élasticité du pied, vous devez toujours veiller par des soins constants à l'intégrité de la fourchette, et vous assurer d'une bonne ferrure.

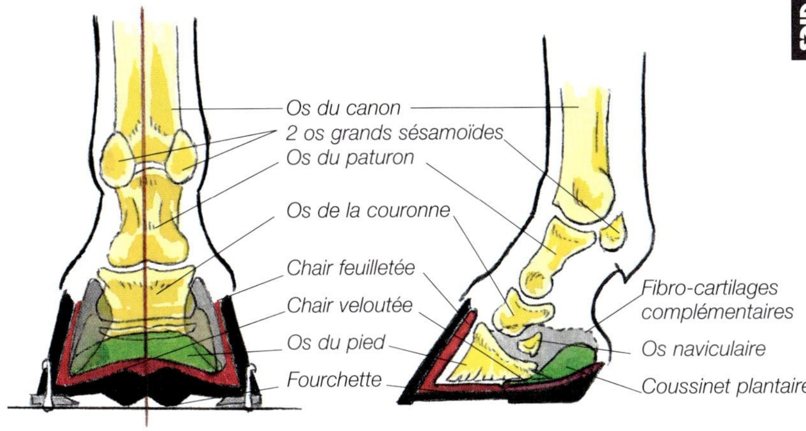

Arrière — *Profil*

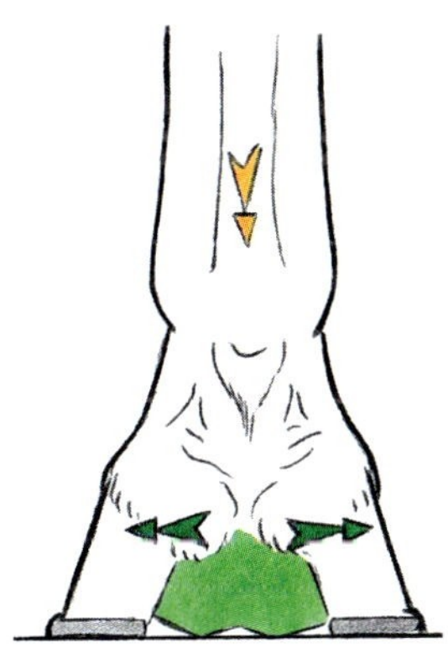

Fourchette en contact avec le sol : onde de choc amortie par la dilatation des parois du pied

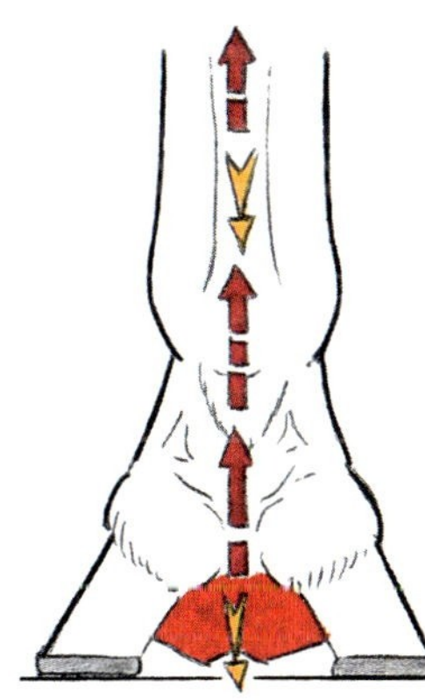

Fourchette non en contact avec le sol : onde de choc répercutée sur les articulations, car pas de dilatation des parois du pied

Attention

Les pieds et les tendons sont les zones fragiles de votre monture ; vérifiez leur état avant et après les séances de travail.

Le choix des terrains et des allures est très important pour préserver leur intégrité. En effet, adaptez vos allures à la nature des sols.

Dans un terrain profond, caillouteux ou inégal ainsi que dans les pentes très accentuées, remettez votre monture au pas. Trottez sur les sols fermes et homogènes. Choisissez des terrains souples et égaux pour galoper et franchir des obstacles.

Les sols trop durs fatiguent les articulations et abîment les membres.

Les sols trop profonds ou glissants fatiguent les tendons et les articulations.

Critères d'appréciation de l'état du pied et de la ferrure

***Avant et après le travail** vous devez vérifier l'état des pieds de votre monture **en curant** soigneusement les pieds, **en observant** l'aspect de la corne et **en contrôlant** la position du fer.*

La corne de la paroi doit être lisse, vernissée, sans fissure ou éclat. L'obliquité est d'à peu près 45° vers la pince mais diminue d'inclinaison vers le talon, pour le pied d'un antérieur, et inférieure à 45° pour le pied d'un postérieur.

La corne noire est, en général, plus résistante que la blanche.

La sole doit être légèrement concave, les talons écartés, les barres saillantes et la fourchette bien dessinée.

La corne peut présenter des défauts :

- **pied gras ou tendre** : il présente alors une corne molle généralement blanche ;
- **pied sec** : la corne est sèche, cassante, et pousse peu ;
- **pied cerclé** : la corne présente des sillons circulaires sur la paroi ;
- **pied dérobé** : le bord inférieur de la muraille est éclaté par places.

Pour reconnaître si un pied est bien ferré, vous devez l'examiner au poser et au lever.

Au poser de face :

- le pied est dans le prolongement du paturon, le pinçon est au milieu de la pince pour le pied de devant ;
- les rivets sont à la même hauteur et bien incrustés ;
- l'épaisseur est égale sur tout le pourtour du fer.

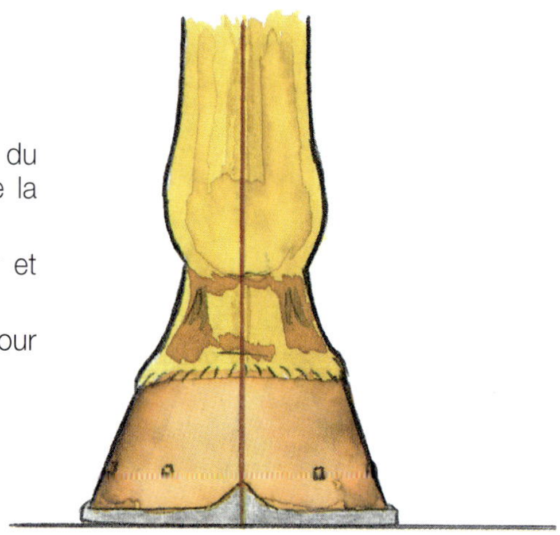

Au poser de profil :

- les rivets sont bien incrustés ;
- l'épaisseur du fer de devant est partout la même ;
- le fer de derrière est légèrement plus épais en pince.

Dans le cas de ferrure spéciale, l'épaisseur du fer peut être variable sur le pourtour du fer.

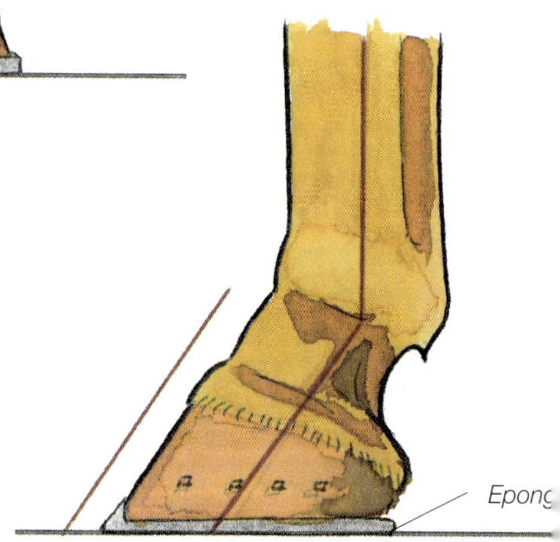

Au lever :

- le fer doit être bien droit sous le pied ;
- la rive externe des éponges à égale distance de la lacune médiane ;
- les branches ont la même longueur et portent bien à plat ;
- les têtes de clous sont enfoncées dans les étampures.

En passant la main sur les rivets et sur les bords du fer, vérifiez qu'ils ne dépassent pas exagérément.

Vous pouvez savoir qu'un cheval ou un poney a besoin d'être ferré lorsque :

- le fer paraît plus étroit et plus court que le pied ;
- la corne déborde sur le fer et forme des éclats ;
- les rivets manquent de solidité et deviennent trop apparents ;
- le pinçon est redressé ;
- le fer est éloigné de la sole ;
- le fer est usé ;
- le fer cliquette au sol lorsque le cheval ou le poney est en mouvement ;
- les éponges ne recouvrent plus les talons et sont incrustées dans la corne.

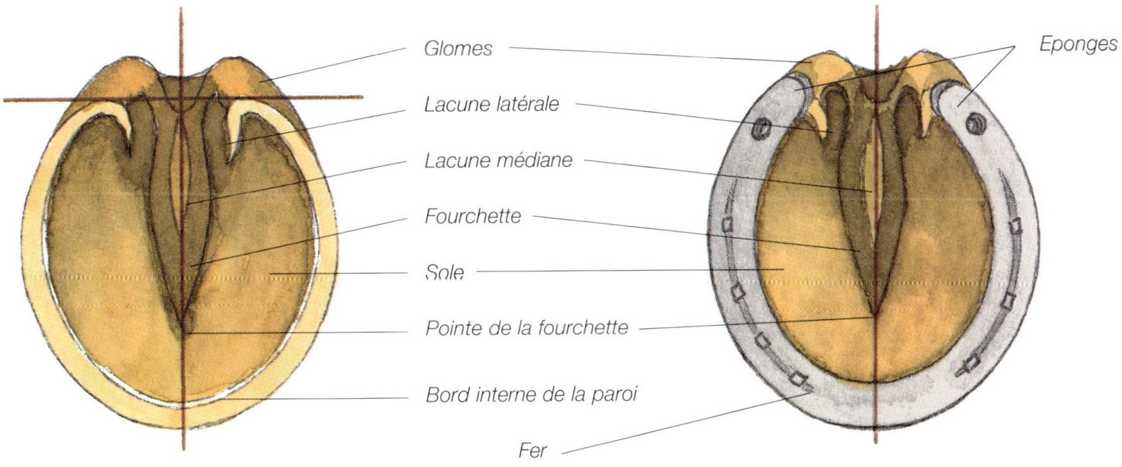

Pied paré *Pied ferré*

Lorsque les pieds ne sont pas ferrés, ils sont soumis à l'usure naturelle. Si cette usure est irrégulière ou trop faible alors le pied a besoin d'être paré*.

Pour cela vous devez l'examiner au poser et au lever. Comme dans le cas d'un pied ferré, vérifiez l'état de la corne et la qualité de l'appui au sol.

---

* Parer : retrancher la corne excédentaire, en conservant au pied son aplomb régulier ou en le restituant s'il est faussé.

Les allures

Pour se déplacer votre monture mobilise ses membres** dans un certain ordre qui caractérise chaque allure et les différencie. Se distinguent, **les allures naturelles, les allures défectueuses et les allures artificielles.

Pour bien comprendre le mécanisme des différentes allures, vous devez connaître quelques définitions.

Le bipède est l'association des membres par paires ; il existe :

- le bipède antérieur comprenant les membres de devant ;
- le bipède postérieur comprenant les membres de derrière ;
- le bipède latéral droit comprenant l'antérieur et le postérieur droits ;
- le bipède latéral gauche comprenant l'antérieur et le postérieur gauches ;
- le bipède diagonal droit comprenant le postérieur gauche et l'antérieur droit ;
- le bipède diagonal gauche comprenant le postérieur droit et l'antérieur gauche.

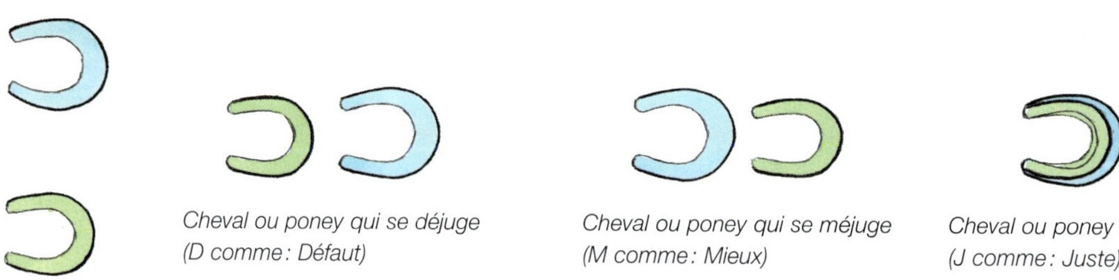

Empreinte d'un antérieur

Empreinte d'un postérieur

Cheval ou poney qui se déjuge (D comme : Défaut)

Cheval ou poney qui se méjuge (M comme : Mieux)

Cheval ou poney qui se juge (J comme : Juste)

Le cheval ou le poney se juge lorsque l'empreinte du postérieur couvre celle de l'antérieur, se déjuge lorsqu'elle est en deçà, se méjuge lorsqu'elle la dépasse.

L'empreinte est la trace du poser de chaque pied.

La battue est le bruit que fait entendre le pied en se posant sur le sol.

Le poser est l'instant où le sabot rencontre le sol.

L'appui est le moment pendant lequel l'ensemble ou une partie du poids du corps se porte sur le ou les membres au sol.

Le lever est l'instant où le sabot quitte le sol.

Le soutien est l'absence de contact d'un, de deux ou de trois membres avec le sol.

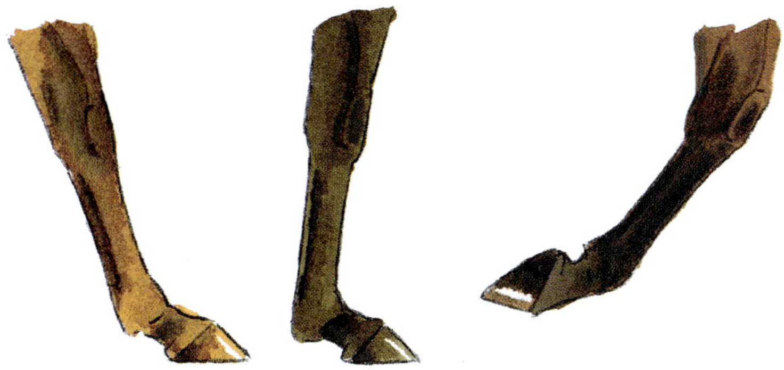

Poser *Appui* *Soutien*
(Membre antérieur)

La projection est la période pendant laquelle aucun membre n'est à l'appui.

Le temps est la durée qui sépare deux battues successives.

La foulée est la distance séparant deux posers successifs d'un même membre. La notion de foulée englobe la notion de longueur du pas. Par exemple : une foulée de galop.

Les allures naturelles

*Elles sont exécutées **d'instinct** par le cheval ou le poney.*

Ce sont principalement le pas, le trot, le galop, le reculer et le saut.

Il existe d'autres allures moins usitées et particulières à certaines races de chevaux ou de poneys, par exemple :

- l'amble, allure où le cheval ou le poney se mobilise par bipèdes latéraux ;
- le tölt, allure à quatre temps, très rapide, que l'on rencontre chez les poneys islandais.

Le pas

Le pas est une allure marchée, à quatre temps égaux, dans laquelle les membres arrivent successivement à l'appui faisant entendre quatre battues équidistantes et où, à chaque postérieur, en se posant, oblige son antérieur à se lever.

Par exemple : le postérieur droit débute la marche, l'antérieur droit suit, puis le postérieur gauche, puis l'antérieur gauche.

Pour un cheval la vitesse moyenne du pas est d'environ 6 à 8 kilomètres à l'heure soit, environ, 110 mètres à la minute.

Poser du postérieur droit *Poser de l'antérieur droit* *Poser du postérieur gauche* *Poser de l'antérieur gauche*

Le trot

Le trot est une allure sautée, symétrique, à deux temps égaux, par bipèdes diagonaux.

Chaque poser est séparé du suivant par une phase de projection ou temps de suspension.

Pour un cheval la vitesse moyenne du trot est d'environ 14 à 15 kilomètres à l'heure soit, environ, 240 mètres à la minute.

Poser du bipède diagonal droit — *Projection* — *Poser du bipède diagonal gauche* — *Projection*

Le galop

Le galop est une allure dissymétrique, sautée, à trois temps, dont une phase de projection.

On distingue deux mécanismes :

- celui du galop à droite : P.G., diagonal gauche, A.D., projection. Autrement dit, le latéral droit se pose plus en avant que le latéral gauche ;
- celui du galop à gauche : P.D., diagonal droit, A.G., projection. Là, le latéral gauche se pose plus en avant que le latéral droit.

Pour un cheval la vitesse moyenne est d'environ 20 à 30 kilomètres à l'heure soit, environ, 400 à 450 mètres à la minute.

Le galop à quatre temps est fréquent à vitesse très élevée.

Le galop à droite

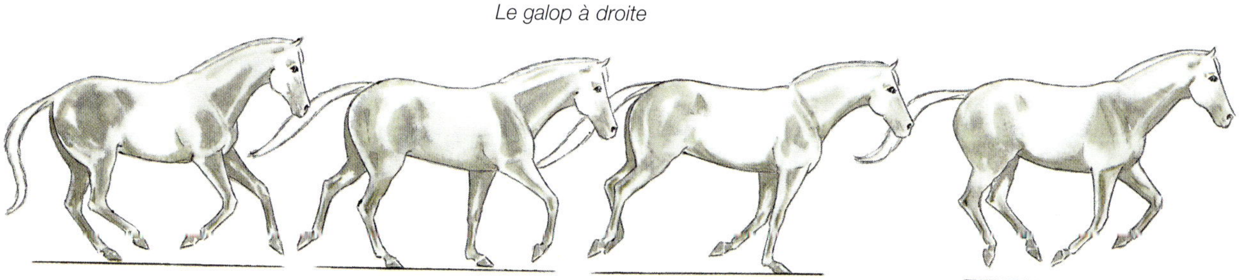

Poser du postérieur gauche — *Poser du bipède diagonal gauche* — *Poser de l'antérieur droit* — *Projection*

Le galop à gauche

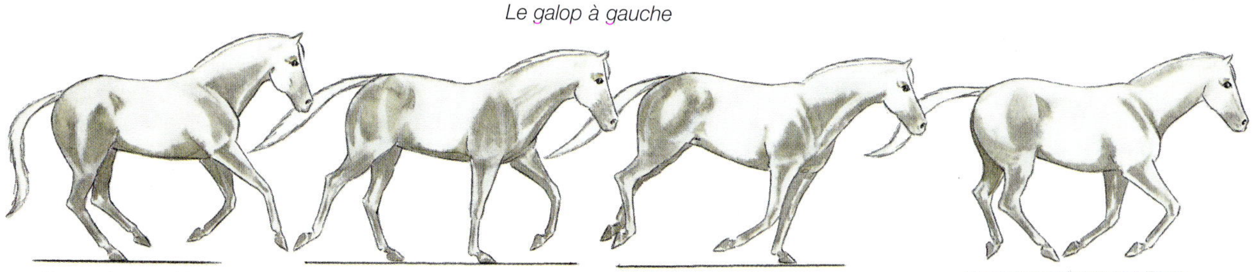

Poser du postérieur droit — *Poser du bipède diagonal droit* — *Poser de l'antérieur gauche* — *Projection*

Le galop à quatre temps (fréquent à vitesse très élevée)

Phase de projection d'un galop rapide

Le reculer

Le reculer est une allure marchée, rétrograde, dans laquelle les membres se lèvent et se posent par bipèdes diagonaux.

Arrêt — *Rétropulsion du bipède diagonal gauche. Soutien et recul du bipède diagonal droit* — *Base quadrupédique* — *Rétropulsion du bipède diagonal droit. Soutien et recul du bipède diagonal gauche* — *Base quadrupédique*

Le saut

Le saut comprend plusieurs phases : la battue d'appel, la phase ascendante, le planer, la phase descendante et la réception.

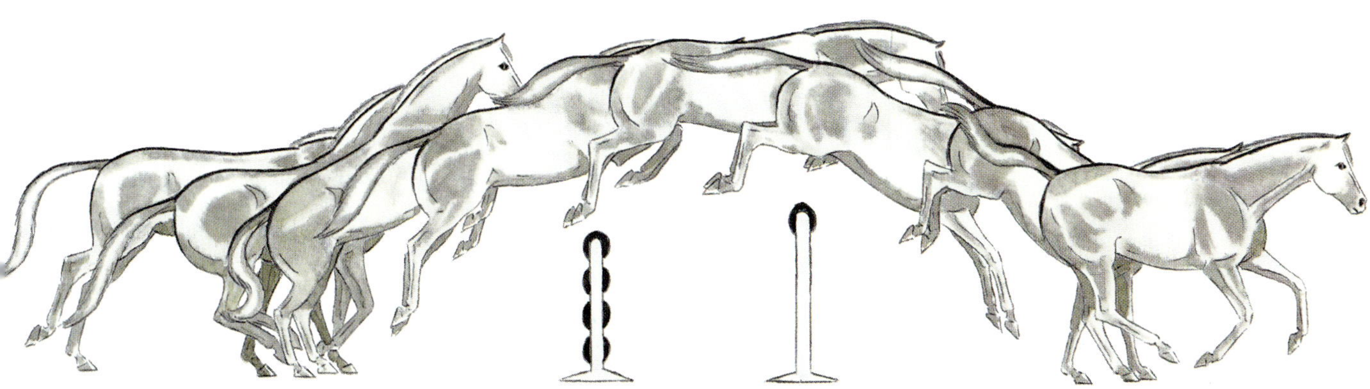

Battue des antérieurs uivie de la battue des postérieurs — *Phase ascendante* — *Planer* — *Phase descendante* — *Réception*

Les allures défectueuses

Elles sont dues à une souffrance ou à une mauvaise utilisation du cheval ou du poney.

L'amble

Avancée du bipède latéral droit
Appui du bipède latéral gauche

Le traquenard

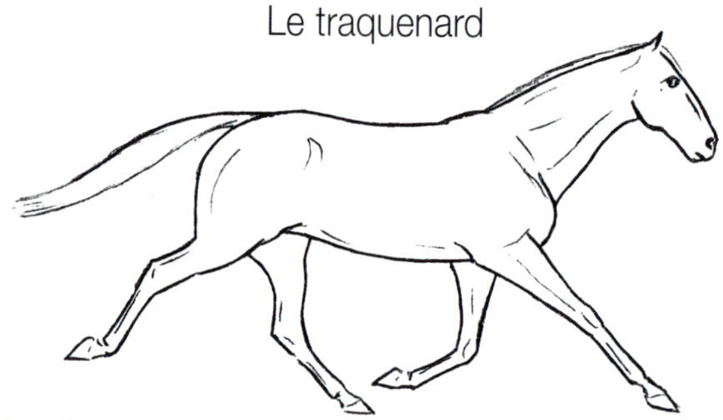

Trot décousu ou trot désuni : dissociation des bipèdes diagonaux
Ici anticipation du postérieur gauche lors du poser du bipède diagonal droit. Dissociation du bipède diagonal droit

L'aubin

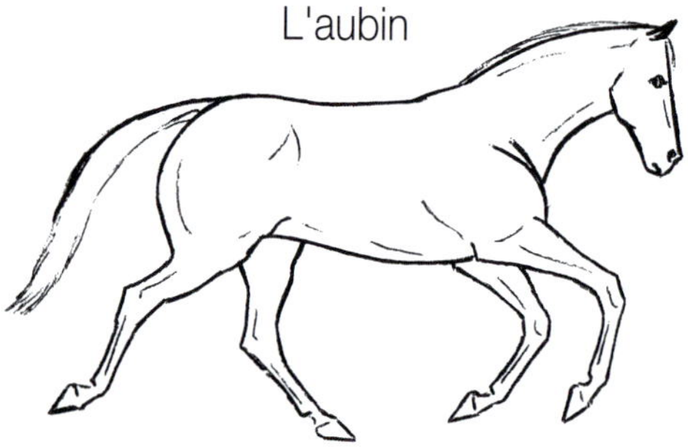

Aubin du devant. Trot des postérieurs. Galop des antérieurs

Aubin du derrière. Galop des postérieurs. Trot des antérieurs

Le galop désuni

(Poser d'un bipède latéral au deuxième temps, au lieu d'un bipède diagonal)

Galop à droite des postérieurs. Galop à gauche des antérieurs
Poser du bipède latéral gauche

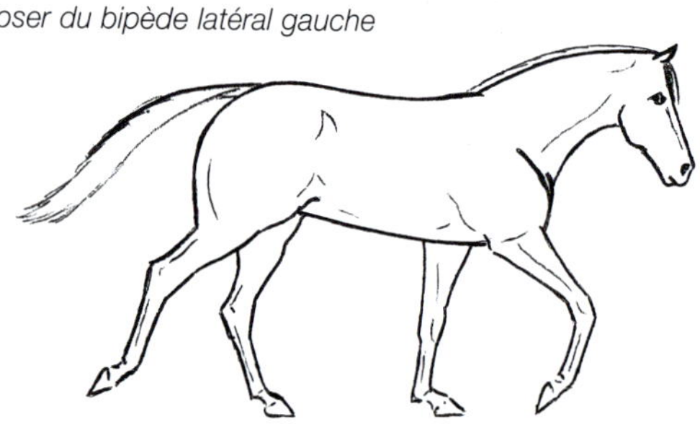

Galop à gauche des postérieurs. Galop à droite des antérieurs
Poser du bipède latéral droit

Le galop à 4 temps

Galop à quatre temps d'un galop lent
Dissociation du bipède diagonal
(deuxième temps dédoublé)
Anticipation d'un postérieur
ou d'un antérieur lors du poser
du bipède diagonal.

Les allures artificielles

Elles sont acquises par le dressage.

Ce sont des allures naturelles stylisées par le dressage :

- le passage qui est un air issu du trot ;
- le pas d'école.

Cas particulier, l'amble qui peut être acquis en entravant latéralement les membres du cheval ou du poney (les chevaux ambleurs étaient jadis très réputés pour leur confort, notamment pour l'équitation en amazone).

Les mouvements sur place

*Les **mouvements naturels** sont le cabrer et la ruade. Les airs d'école acquis par le dressage sont le piaffer, la courbette et la croupade.*

Piaffer

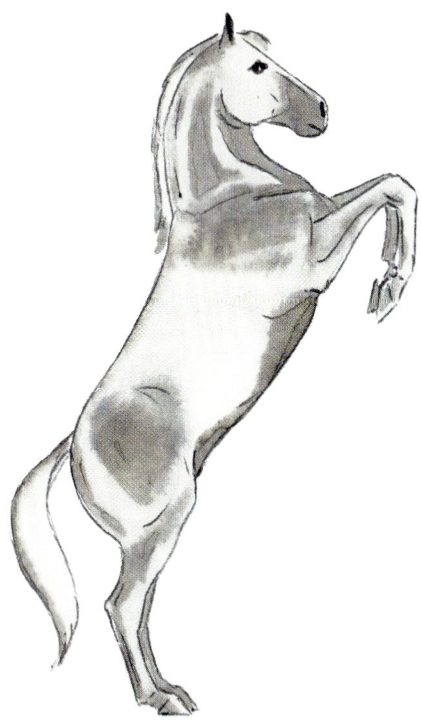

Courbette

Croupade

Qualité des allures

*Les qualités recherchées dans une allure, sont **l'énergie, la régularité** et **l'élasticité.***

Une allure est régulière quand les gestes sont symétriques et lorsque la cadence est constante.

Elle est franche ou énergique quand elle est nette et active.

L'activité se caractérise par la sensation d'énergie qui se dégage du cheval ou du poney qui évolue.

Cette tonicité est liée à l'engagement, la poussée et la détente des postérieurs (l'arrière-main est le moteur producteur d'impulsion).

Au-delà de ces premières impressions qui se dégagent de votre monture quand elle se déplace (régularité, franchise et activité), la qualité d'une allure dépend de deux autres facteurs qui sont la cadence et le rythme.

La cadence

La cadence est la fréquence du poser d'un membre. En dressage, elle doit être la plus stable possible quelles que soient les variations de l'allure.

Le rythme

Il est donné par la répartition des temps entre les poser des différents membres. Il est possilble d'identifier une allure à l'oreille.

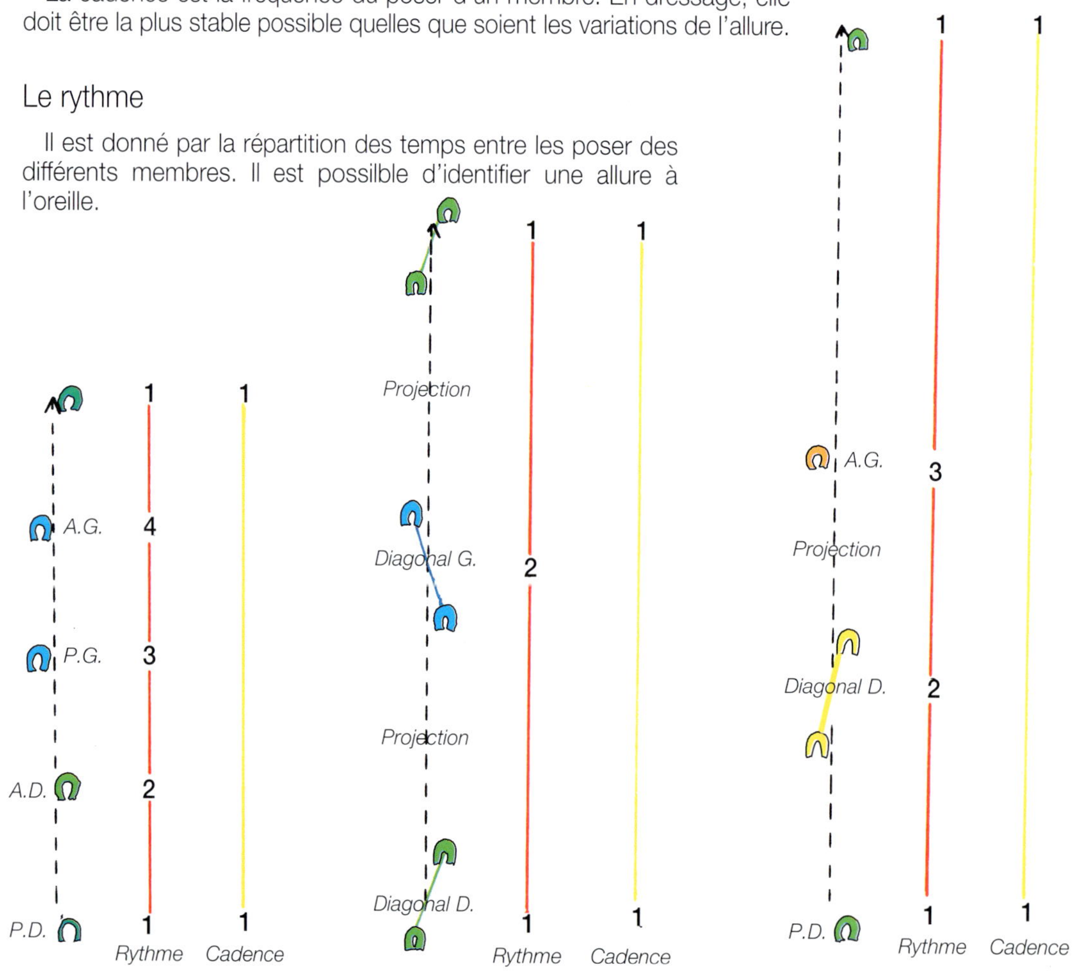

Une foulée de pas — *Une foulée de trot* — *Une foulée de galop (à gauche)*

Variations dans une allure

Dans le travail sur le plat, il existe des variations de vitesse dans chaque allure.

De la plus lente à la plus rapide, se distinguent :

- dans le pas : le pas rassemblé, le pas moyen et le pas allongé ;
- dans le trot : le trot rassemblé, le trot de travail, le trot moyen et le trot allongé ;
- dans le galop : le galop rassemblé, le galop de travail, le galop moyen et le galop allongé.

Ces variations ne jouent pas uniquement sur la vitesse, elles jouent aussi sur l'attitude générale, l'équilibre de votre monture et l'amplitude des foulées. L'amplitude est le terrain couvert par le déplacement de chaque membre au cours d'une foulée, elle est spécifique à chaque cheval ou poney.

Dans les allures rassemblées, le cheval ou le poney se grandit, la base d'encolure s'élève, l'encolure s'arrondit, le chanfrein se rapproche de la verticale, la flexion des articulations est prononcée. L'allure est plus courte et active. Le geste des membres gagne en élévation et perd en amplitude. La mobilité en tout sens augmente.

Dans les allures de travail, la flexion des articulations est moins prononcée. Elles sont intermédiaires entre les allures rassemblées et les allures moyennes.

Dans les allures moyennes ou allongées, le cheval ou le poney s'étend, son angle tête / encolure s'ouvre légèrement, l'amplitude des foulées augmente c'est-à-dire votre monture couvre plus de terrain en une foulée. Elles sont intermédiaires entre les allures de travail et les allures allongées.

Dans les allures rapides, le cheval ou le poney couvre le plus de terrain possible (amplitude maximale), l'encolure s'allonge et le chanfrein se porte en avant de la verticale.

Les variations dans une même allure se nomment : **une transition dans l'allure.**

Variations d'attitudes

Les boiteries

Une boiterie peut être due à une infirmité, une blessure ou une gêne momentanée.

Il existe de nombreuses formes de boiteries. Il ne vous est pas demandé d'en déterminer la cause mais il est important de savoir déceler qu'un cheval ou un poney boite et de pouvoir situer la boiterie.

Toute boiterie entraîne une irrégularité dans la locomotion, en effet, le cheval ou le poney boiteux réduit la force et la durée de l'appui du membre douloureux.

Seules les fortes boiteries sont visibles au pas.

C'est au trot que l'on juge normalement une boiterie, car l'allure est symétrique et toute gêne provoque une dissymétrie de l'allure. De même une boiterie est souvent plus visible sur le cercle ou les changements de direction. Elle peut être perceptible monté ou en main.

Quand une boiterie est légère, le cheval ou le poney « feinte » ou est gêné, quand elle est plus marquée, il « boite », quand elle est très marquée, il « boite bas ».

Un cheval ou un poney boite à chaud lorsque, régulier et normal au début du travail, la boiterie apparaît après un certain temps de travail. Il boite à froid lorsqu'elle apparaît dès la sortie du box ou au début de l'exercice.

Si la boiterie est due à une lésion du squelette, des articulations ou des pieds, elle est plus accentuée en terrain dur. Si elle est due à une lésion musculaire ou tendineuse, elle augmente en terrain très souple.

Quelques conseils pour déceler une boiterie

Observez le cheval ou le poney évoluer sur un terrain plat et de revêtement uniforme.

Pour cela, désignez deux assistants :

- un pour tenir le cheval ou le poney avec une longe ou des rênes de filet sans tirer, afin de ne pas modifier son attitude générale ;

Cheval ou poney boiteux au pas. Cet animal souffre de l'antérieur gauche

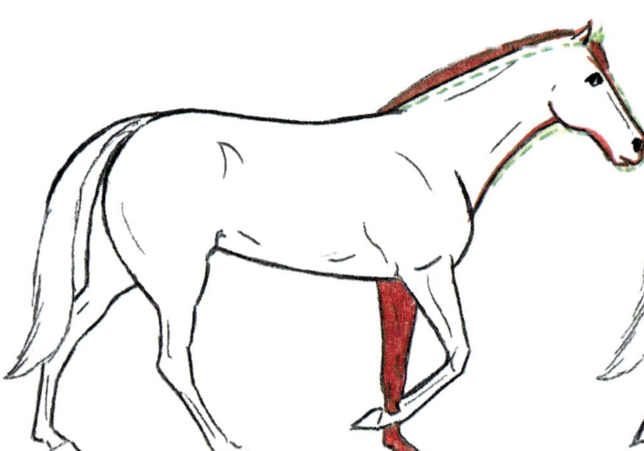

Elévation de l'encolure lors de l'appui de l'antérieur gauche

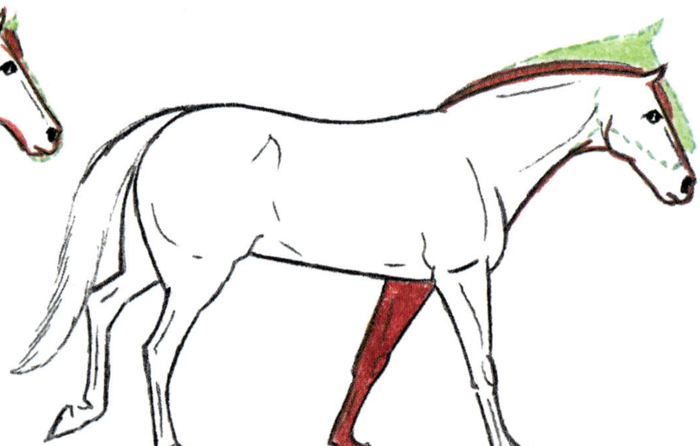

Abaissement de l'encolure lors du poser et de l'appui de l'antérieur droit

- un autre pour veiller à ce que le cheval ou le poney avance sans à-coups en se tenant derrière lui, légèrement sur le côté et en s'aidant éventuellement d'une chambrière.

  Il est important d'éviter tout geste brusque et tout chahut qui gêneraient l'observation.

Observez le cheval ou le poney en ligne droite de face, de dos, de profil :

- au pas ;
- au trot.

En cas de boiterie d'un antérieur, le cheval ou le poney lève la tête au moment de l'appui du membre douloureux, et la rabaisse en accentuant le mouvement pendant l'appui du membre sain en rejetant du poids sur celui-ci pour faciliter son geste.

En cas de boiterie d'un postérieur, le membre reste plus longtemps au soutien, son enjambée est réduite ce qui entraîne une perte d'amplitude.

Une boiterie d'un antérieur se voit, celle d'un postérieur s'entend.

Quelques conseils pour localiser une boiterie

Vous devez comparer le membre boiteux avec le membre sain. Vous pourrez ainsi situer d'éventuelles chaleurs, déformations et réactions de douleur à la palpation.

En général, examinez plus spécialement les articulations inférieures, les tendons et les pieds.

Pour les articulations comme pour les tendons, passez la main dessus en alternant membre sain, membre douloureux.

Pour le pied, tâtez la paroi, vérifiez l'état de la sole et de la fourchette, regardez s'il n'y a pas de corps étranger.

Attention, déceler une boiterie reste délicat, n'hésitez pas à appeler un vétérinaire équin.
Dans tous les cas de figures, avertissez votre enseignant.

Elévation de l'encolure lors du poser de l'antérieur gauche

Les aplombs

La direction des membres sous le tronc caractérise ***les aplombs.***

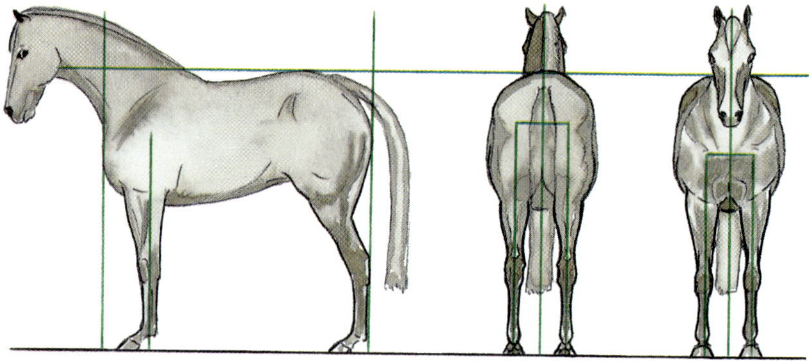

Les aplombs sont réguliers quand la direction du membre suit les lignes verticales d'aplomb.

Dans le cas contraire, l'aplomb est irrégulier ou défaut d'aplomb.

A l'arrêt

Défauts d'aplombs des membres antérieurs vus de face.

Un cheval ou un poney peut être :

- ouvert du devant (1), les extrémités inférieures des membres sont en dehors de la ligne d'aplomb, ce qui nuit à la rapidité des allures ;
- serré du devant (2), les extrémités inférieures des membres sont en dedans de la ligne d'aplomb, ce qui prédispose aux atteintes ;
- genoux cambrés (3), les genoux sont incurvés en dehors de la ligne d'aplomb ;
- genoux de bœuf (4), les genoux sont incurvés en dedans de la ligne d'aplomb ;
- cagneux des membres (5), les membres sont tournés en dedans depuis le genou, les coudes sont écartés du corps ;
- panard des membres (6), les membres sont tournés en dehors à partir du genou jusqu'au pied, les coudes sont rapprochés du corps.

Il peut également être : cagneux du pied, la pince du pied est tournée en dedans, ou panard du pied, la pince du pied est tournée en dehors.

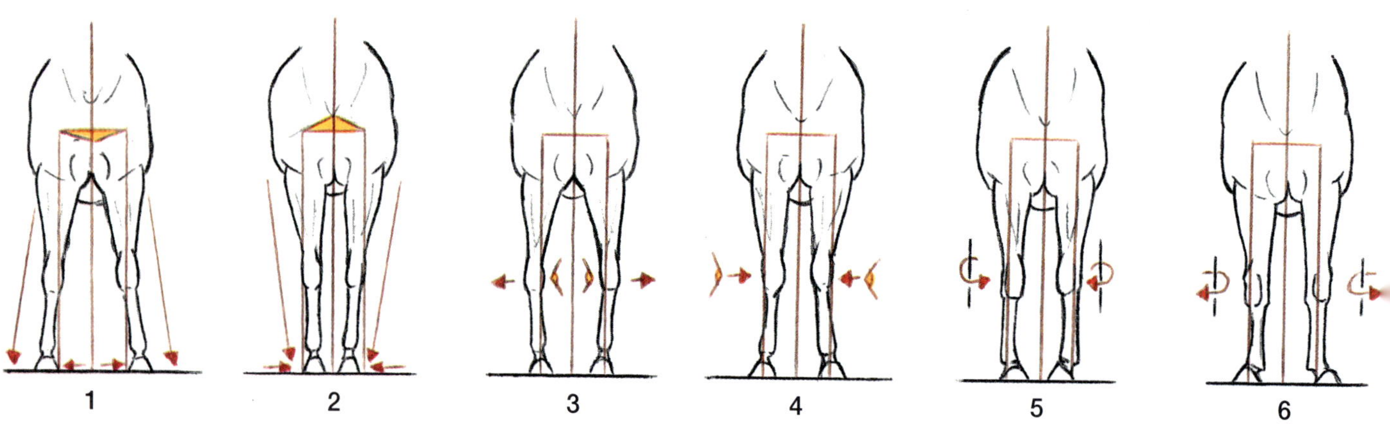

Défauts d'aplombs des membres antérieurs vus de profil.

Un cheval ou un poney peut être :

- campé du devant (1), c'est un signe d'usure, de fatigue ou de souffrance ;
- sous lui du devant (2), c'est un défaut très commun qui fait obstacle au déploiement du membre et rend les allures rasantes ;
- brassicourt (3), le genou est incurvé en avant de la ligne d'aplomb, c'est un défaut de naissance mais le membre ne vacille pas ;
- arqué (3), même orientation qu'un membre brassicourt mais acquis par l'usure, là le membre vacille ;
- bouleté (4), le boulet est en avant de la ligne d'aplomb (défaut grave) ;
- long jointé (5), bas-jointé, le paturon est trop incliné vers le sol et/ou trop long ;
- droit-jointé (6), court-jointé, le paturon est insuffisamment incliné vers le sol et/ou trop court ;
- genou creux (7), le genou est incurvé en arrière de la ligne d'aplomb, cela nuit à la solidité et à l'impulsion et fatigue les tendons.

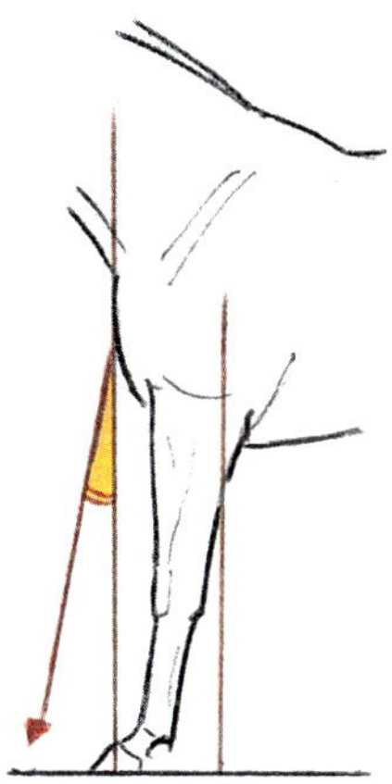
1

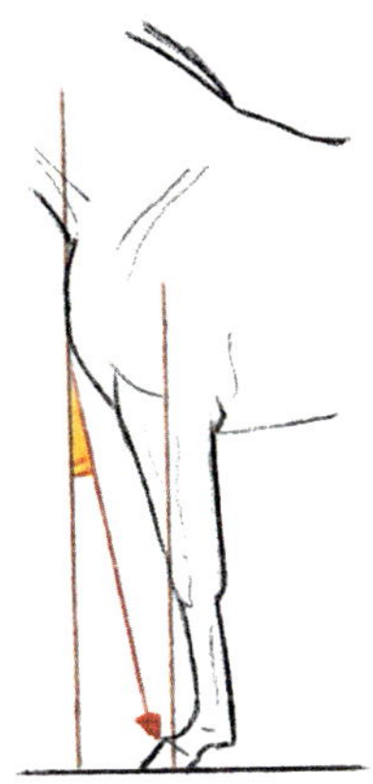
2

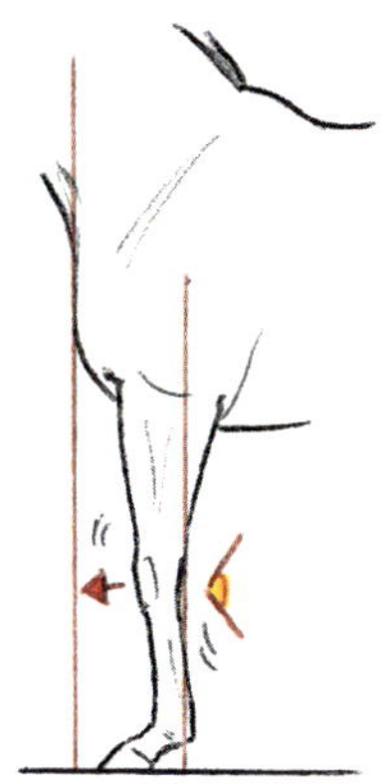
3

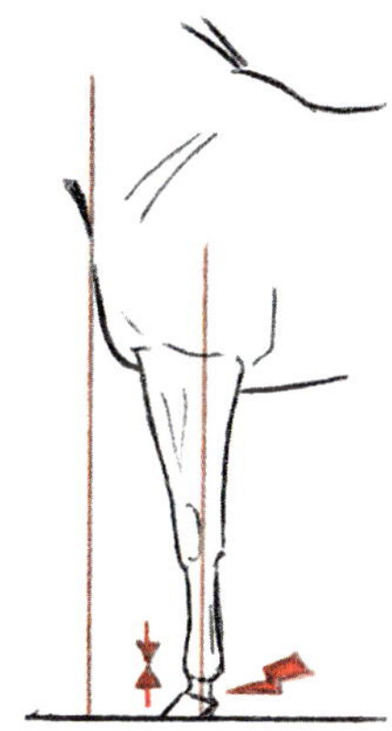
4

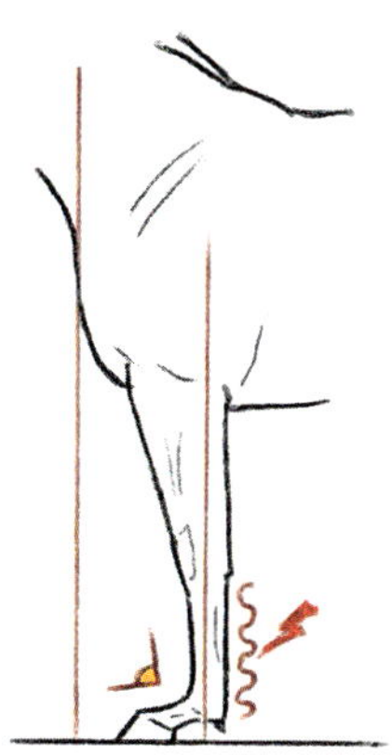
5

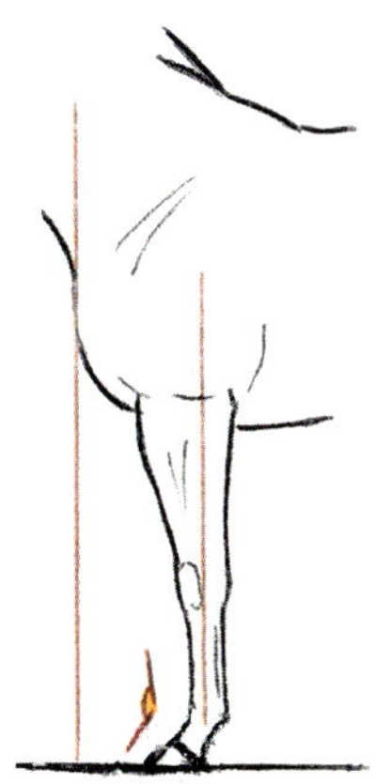
6

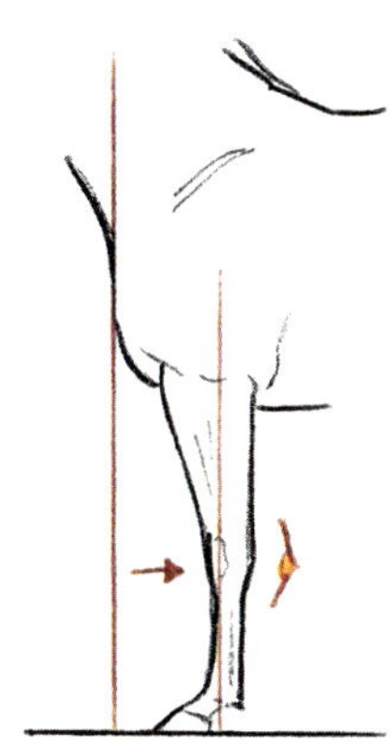
7

Défauts d'aplombs des membres postérieurs, vus de profil.

Un cheval ou un poney peut être :

- campé du derrière (1), les membres sont inclinés de haut en bas et d'avant en arrière, ce qui entraîne un manque de force dans l'arrière-main et fatigue les jarrets ;
- sous lui du derrière (2), les membres sont inclinés de haut en bas et d'arrière en avant, ce qui nuit à l'étendue des allures et expose à forger ;
- jarrets coudés (3) ;
- jarrets droits (4).

Il peut être également : bouleté, les boulets sont rejetés en avant de la ligne d'aplomb (c'est un défaut grave) ; long-jointé du paturon ou bas jointé : id., les membres antérieurs ; court-jointé ou bas-jointé : id., les membres antérieurs ; pied pinçard : l'appui ne se fait que sur la sole, les talons restant en l'air.

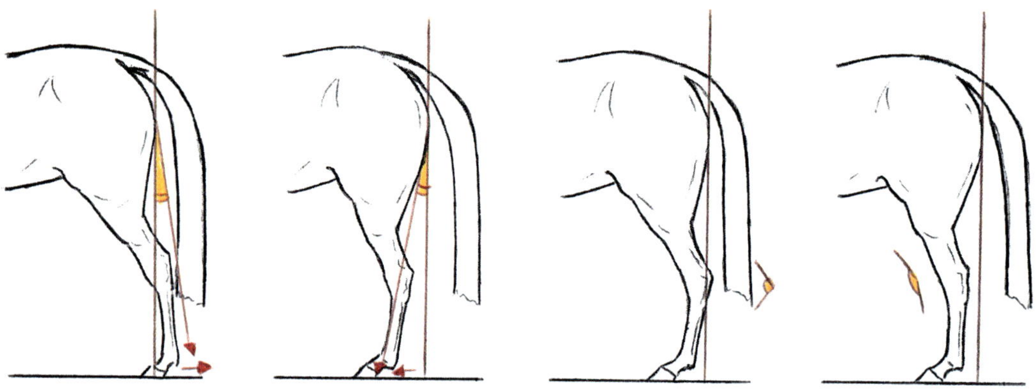

1 2 3 4

Défauts d'aplombs des membres postérieurs, vus de derrière.

Un cheval ou un poney peut être :

- trop ouvert du derrière (1), les axes sont en dehors de la verticale, cela entraîne une fatigue de l'arrière-main ;
- trop serré du derrière (2), les axes sont en dedans de la verticale, ce qui donne peu de solidité ;
- jarrets cambrés (3), la pointe des jarrets dévie en dehors, les jarrets sont vacillants ;
- panard du derrière (4), la pince des pieds est tournée en dehors ;
- cagneux du derrière (5), les pieds sont tournés en dedans, les pointes du jarret en dehors.

Il peut être également « jarrotier », il a alors des jarrets clos, ou crochus, qui convergent par leur pointe et entraînent un ralentissement des allures.

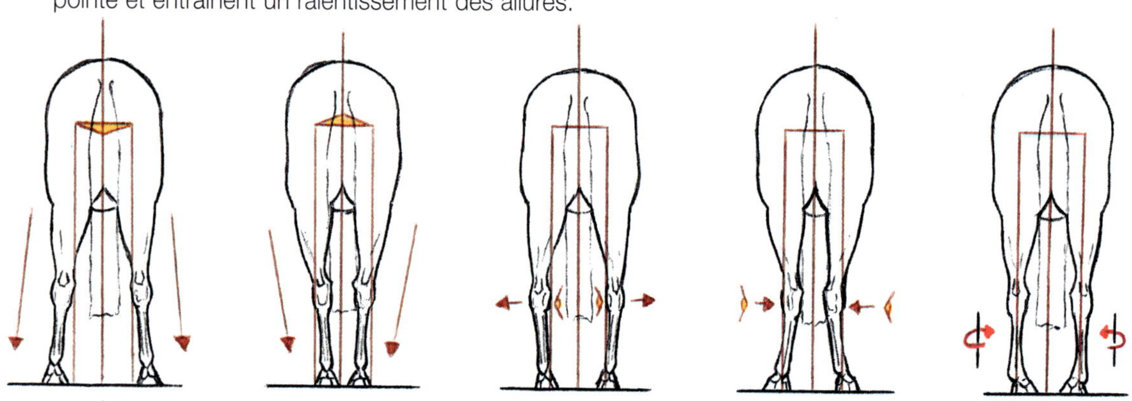

1 2 3 4 5

En mouvement

Un cheval ou un poney d'aplomb marche en ligne lorsque les membres antérieurs et postérieurs se meuvent dans un même plan et sur la même piste.

Les défauts d'aplomb, remarqués au repos, se traduisent, en général, par des irrégularités d'allures. Le cheval ou le poney peut être :

- panard en marche, le membre levé se rapproche du membre posé, ce qui expose le cheval ou le poney à se couper ;
- cagneux en marche, le membre levé est jeté d'abord en dehors, puis ramené en dedans ; on dit que le cheval ou le poney billarde.

Vous pouvez dire qu'un cheval ou un poney :

- se croise (1) ou « marche sur une piste » quand ses pieds antérieurs ou postérieurs se placent les uns devant les autres pendant la marche ;
- se touche lorsque le pied du membre levé heurte le membre à l'appui, le salit et à la longue, use le poil ; se coupe quand il y a plaie au point touché ;
- forge (2) quand la pince du postérieur frappe le fer de devant en faisant entendre un bruit caractéristique.

Le jarret est vacillant quand, pendant la marche, il se porte en dehors, le membre entier pivotant autour de la pince du pied.

1

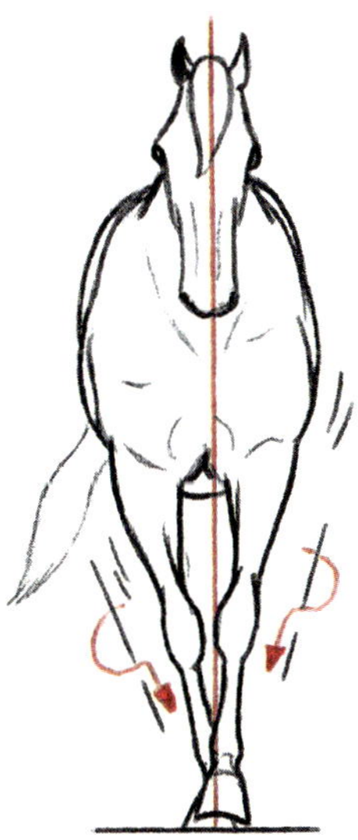

2

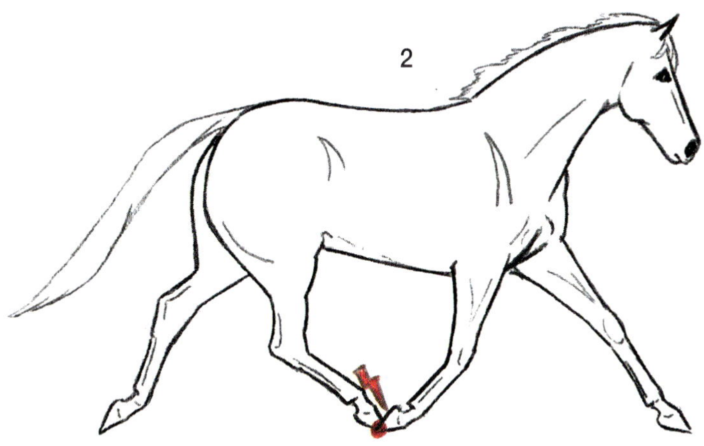

Toutes ces défectuosités d'allures risquent de causer des atteintes, des déséquilibres et provoquent une fatigue prématurée des membres.

Santé et hygiène du cheval ou

***Un cheval ou un poney en bonne santé** a un poil brillant, un regard vif et un bel appétit. Le moindre problème de santé ou le manque d'hygiène, entraîne un trouble du comportement (trouble de l'appétit, abattement ou, au contraire, agitation).*

L'hygiène est l'ensemble des mesures d'entretien, de soins et de préventions (sanitaires et médicales) qui vont assurer la bonne santé d'un cheval ou d'un poney.

Ces mesures s'appliquent dans les différents domaines suivants :

- le logement (voir manuel « être cavalier Galops 1 à 4 »);
- l'alimentation (*idem*);
- le pansage (*idem*);
- le travail ;
- la prévention vétérinaire.

Le travail

Le travail de base a pour but une mise en condition physique et psychologique.

Il doit être adapté à l'âge et à l'usage du cheval ou du poney varié et progressif. Si votre monture est hébergée en box ou en stalle, elle a besoin d'être sortie (montée, lâchée en liberté ou travaillée à la longe) quotidiennement.

- Soignez la détente qui permet un échauffement musculaire progressif ;
- utilisez le terrain varié et les promenades ;
- choisissez vos allures en fonction de la nature des sols ;
- prévoyez des temps de « récréation » en alternance avec les temps de travail ;
- recherchez le calme, l'harmonie et la décontraction ;
- entretenez le bon moral de votre cheval ou votre poney.

La prévention

*Même en bonne santé, votre monture a besoin d'un **suivi vétérinaire**.*

Une vérification de la dentition est nécessaire une fois par an et dès qu'un cheval ou un poney présente des problèmes d'état (amaigrissement sans raison apparente) ou bien des défenses à la main du cavalier.

Les vaccinations

Elles ont plusieurs types d'intérêts :

- intérêt individuel pour protéger votre cheval ou votre poney d'une maladie grave (par exemple : le tétanos) ;
- intérêt sanitaire pour éviter la propagation des maladies contagieuses (par exemple : la grippe, la rhinopneumonie) ;
- intérêt pour protéger l'homme des maladies du cheval ou du poney qu'ils peuvent lui transmettre (par exemple : la rage).

Certaines vaccinations sont obligatoires en France : la grippe et la rage ; les autres vaccinations sont facultatives mais vivement recommandées comme, par exemple, le tétanos. Les chevaux possèdent soit un carnet de vaccination, soit un livret d'accompagnement sur lequel sont apposées les vignettes des vaccins et le cachet du vétérinaire.

Après une vaccination, il faut éviter un travail intensif pendant la semaine qui suit le vaccin.

Les préventions anti-parasitaires

Un parasite est un organisme qui vit aux dépens d'un autre (dans le cas présent, d'un cheval ou d'un poney).

Il existe :

- des parasites externes (poux, gale, teigne, ...) qui font l'objet de surveillance et de traitements externes dès l'apparition des lésions (chute de poil, démangeaisons et plaies d'irritation) ;
- des parasites internes (vers de différentes formes) qui se logent dans l'intestin et peuvent migrer vers d'autres organes. Les chevaux ou poneys en sont très souvent infestés. A titre préventif, ils sont traités systématiquement par des vermifuges, administrés deux fois par an au minimum (au début du printemps et à l'automne), soit dans la nourriture, soit à l'aide d'une seringue buccale ou par sonde.

  Les vers peuvent entraîner des troubles digestifs et une baisse de l'état général.

Les maladies

Le cheval ou le poney est sujet à des maladies très caractéristiques.

Par exemple : les coliques.

Elles traduisent une douleur abdominale due à des problèmes intestinaux et à une perturbation de la digestion (souvent un arrêt du transit et un « bouchon »).

Le cheval ou le poney qui souffre de coliques peut présenter un ou plusieurs des symptômes suivants :

- gratter le sol ;
- se coucher et se relever fréquemment ;
- rester couché de façon inhabituelle ;
- regarder son flanc ;
- ne pas manger ou boire ;
- ne pas faire de crottin ;
- ne pas uriner.

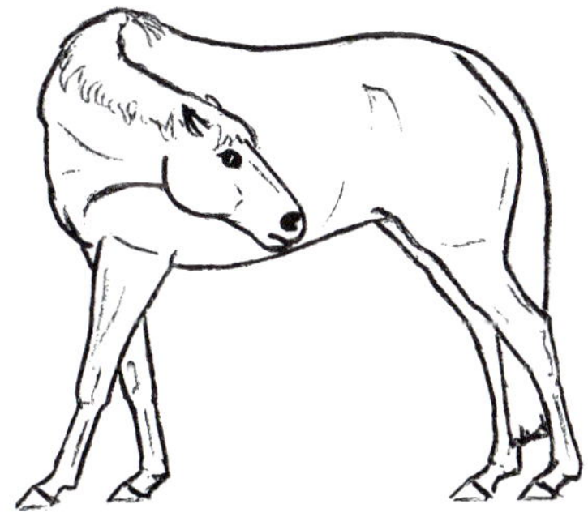

Cheval ou poney se regardant les flancs, campé, naseaux dilatés

Les coliques peuvent être graves, dès qu'un cheval ou un poney présente un de ces symptômes, avertissez votre enseignant ou une personne responsable qui connaîtra les soins à prodiguer et appellera éventuellement le vétérinaire.

Attention de ne pas vous inquiéter à tort, les chevaux et les poneys aiment se coucher pour se reposer et faire la sieste.

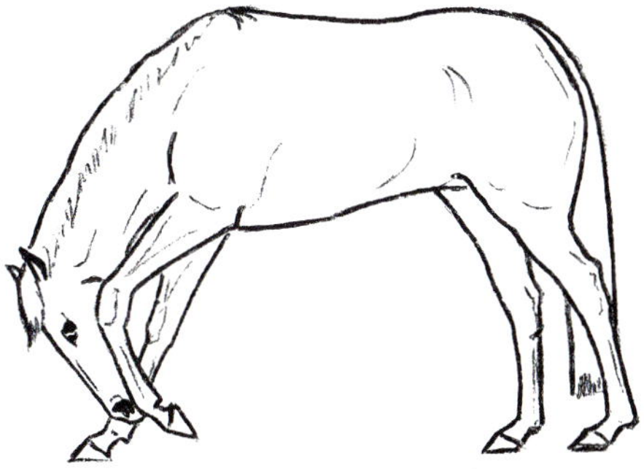

Cheval ou poney grattant le sol, campé, naseaux dilatés

Le cheval ou le poney en action

L'équilibre naturel *d'un cheval ou d'un poney est modifié par la présence du cavalier.*

Cet équilibre général se compose de deux éléments, l'équilibre longitudinal et l'équilibre latéral.

1
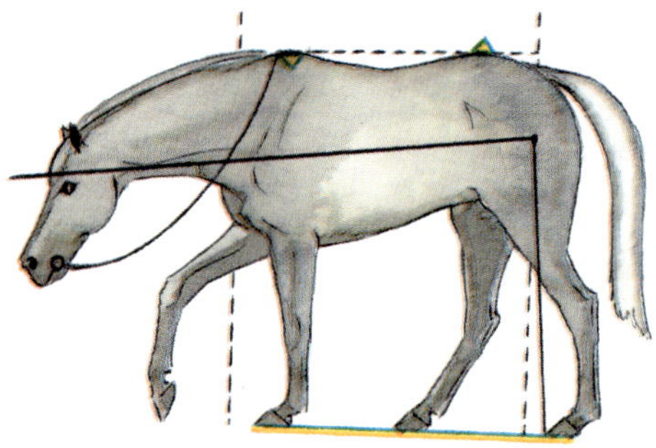

Attitude naturelle, équilibre vers les épaules

2

Dressage élémentaire, équilibre horizontal

3
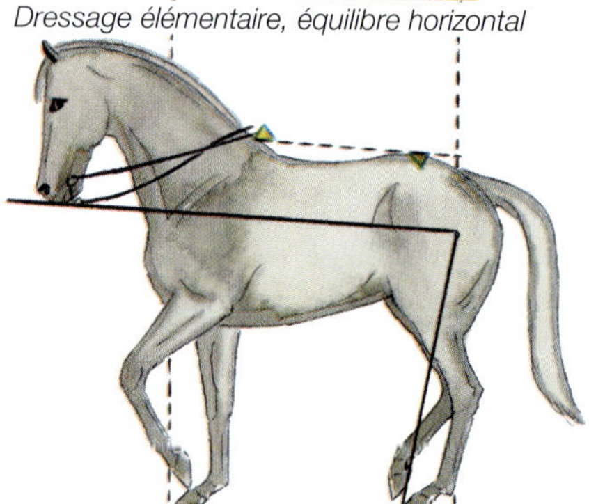

Début du rassembler, équilibre vers les hanches

3 bis
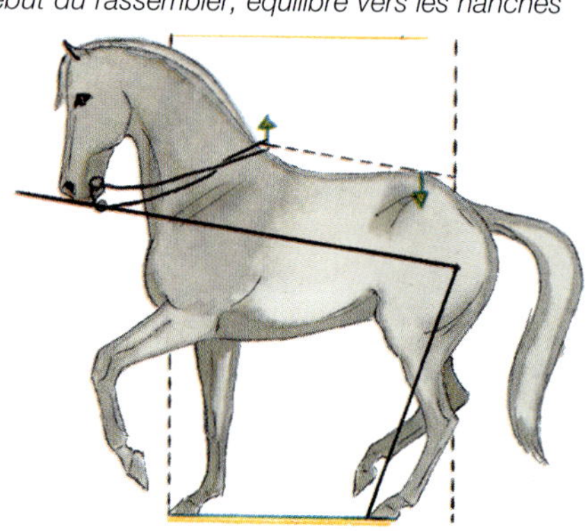

Rassembler, équilibre sur les hanches et légèreté de l'avant-main

L'équilibre longitudinal

L'équilibre longitudinal est défini par la répartition de poids entre l'avant-main et l'arrière-main. Il dépend de la hauteur du balancier tête/encolure, de l'engagement des membres postérieurs lié à l'impulsion (par la flexibilité des articulations) et de la tonicité musculaire.

Trois orientations d'équilibre longitudinal sont possibles.

L'équilibre sur les épaules

Dans l'équilibre sur les épaules (1), le poids se répartit plus sur les antérieurs que sur les postérieurs. Le centre de gravité est très en avant, vers les antérieurs. Cet équilibre se rencontre chez les trotteurs, les galopeurs et les jeunes chevaux montés.

L'équilibre horizontal

Dans l'équilibre horizontal (2), le poids est également réparti entre les antérieurs et les postérieurs. C'est un équilibre intermédiaire, « neutre » qui permet de passer de l'équilibre sur les épaules à l'équilibre sur les hanches. Le centre de gravité est légèrement en arrière des antérieurs. Cet équilibre, fréquent pour le cheval ou le poney de selle, se rencontre chez le cheval d'école et le cheval de randonnée.

L'équilibre sur les hanches

Dans l'équilibre sur les hanches (3 et 3 *bis*), le poids se répartit plus sur les postérieurs que sur les antérieurs. Les postérieurs prennent en charge davantage de poids en venant sous la masse.

Cet équilibre s'exprime dans le rassembler et à l'abord de l'obstacle.

L'équilibre latéral

Il est défini par la répartition de poids entre le latéral droit et le latéral gauche du cheval ou du poney et la place de son centre de gravité.

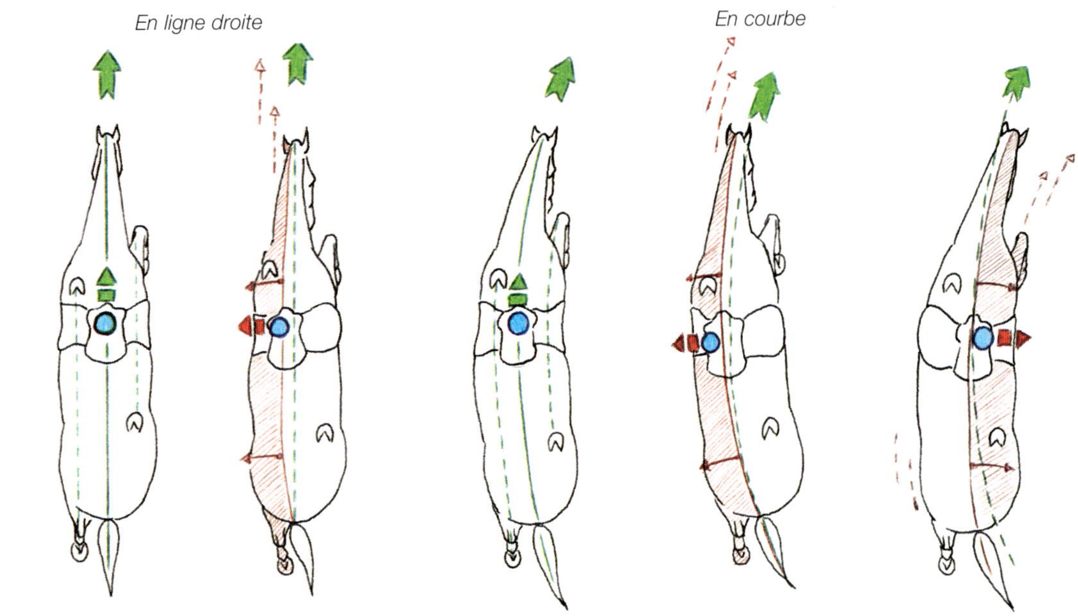

Equilibre neutre. Répartition symétrique de poids sur les deux bipèdes latéraux

Report de poids sur le bipède latéral gauche

Equilibre neutre. Répartition symétrique de poids sur les deux bipèdes latéraux

Report de poids sur le bipède latéral gauche

Report de poids sur le bipède latéral droit

L'équilibre

Un cheval ou un poney est en équilibre quand la répartition de poids (par rapport à l'équilibre longitudinal et l'équilibre latéral) est adapté à l'activité et/ou à l'exercice envisagé. Le cavalier doit avoir la possibilité de modifier, à son gré, l'équilibre de sa monture. Ainsi il n'existe pas un équilibre unique mais plusieurs équilibres, chacun adapté à une activité et à un geste sportif.

L'équilibre juste se définit par rapport à l'adéquation (adaptation parfaite) avec le mouvement à réaliser.

L'équilibre dépend de la conformation (jeunes chevaux, races, ...), du dressage du cheval ou du poney, mais aussi de l'attitude, de la stabilité, et de l'orientation de son cavalier.

Le dressage permet d'orienter l'équilibre naturel du cheval ou du poney, de l'adapter en fonction de l'activité envisagée et de compenser le poids rajouté du cavalier.

Vous pouvez percevoir la notion d'équilibre lorsque vous pouvez obtenir facilement des ralentissements et des changements de directions.

Plus le cavalier est expérimenté, plus il perçoit les pertes ou les défauts d'équilibre de sa monture, ce qui lui permet d'intervenir et d'anticiper en fonction de l'exercice demandé.

Le cheval ou le poney tendu

La tension est le résultat :

- d'une bonne transmission de l'impulsion fournie par l'arrière-main vers l'avant-main ;
- d'une permanence du contact obtenue par la soumission et l'obéissance aux aides.

C'est donc, une qualité à la fois physique et morale de votre monture.

La tension naît de l'impulsion générée par la détente des postérieurs, transmise par le rein, le dos, l'encolure et la nuque et récupérée par les mains. Pour cela, vous devez ajuster vos rênes en leur donnant la longueur voulue pour conserver une liaison constante avec la bouche de votre monture. Cette longueur dépend de la forme de l'encolure et du travail effectué.

C'est le cheval ou le poney qui tend les rênes par le contact de son mors, vos mains canalisent l'énergie transmise par l'arrière-main de votre monture (l'impulsion), entretenue ou créée par vos jambes.

La stabilité, c'est-à-dire l'absence d'agitation de la tête et de l'encolure, est obtenue au maximum chez le cheval ou le poney tendu.

Le cheval ou le poney sur la main

Le cheval ou le poney est sur la main lorsqu'il accepte et conserve la relation avec la main de son cavalier. Votre monture est comme « posée sur votre main ». La tête est fixe, l'encolure soutenue sans raideur, le bord supérieur légèrement arrondi, la nuque généralement le point le plus haut, le chanfrein en avant de la verticale.

Le dos reste souple avec une poussée égale des deux postérieurs.

Cette attitude met votre cheval ou votre poney dans les meilleures conditions de travail musculaire et permet une utilisation sportive.

Un contact confiant et une orientation juste donnent plus d'aisance à votre monture.

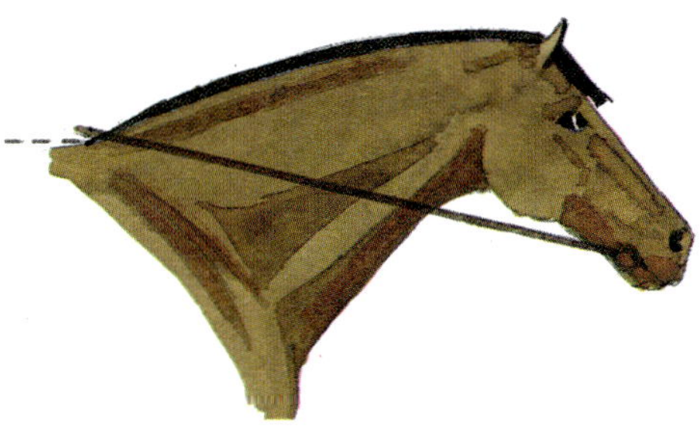

Encolure abaissée et étendue (bien)

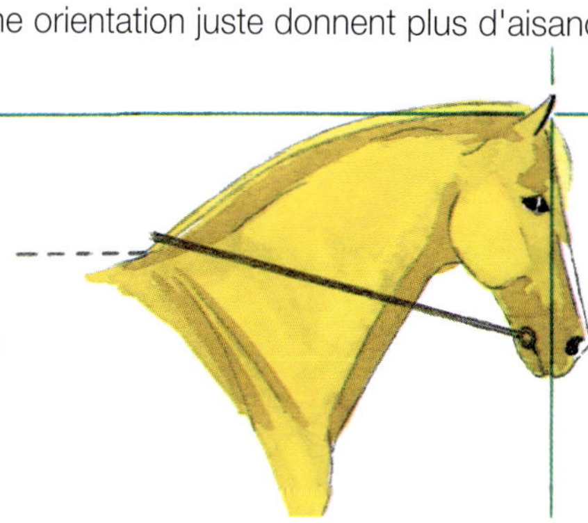

Sur la main (bien)

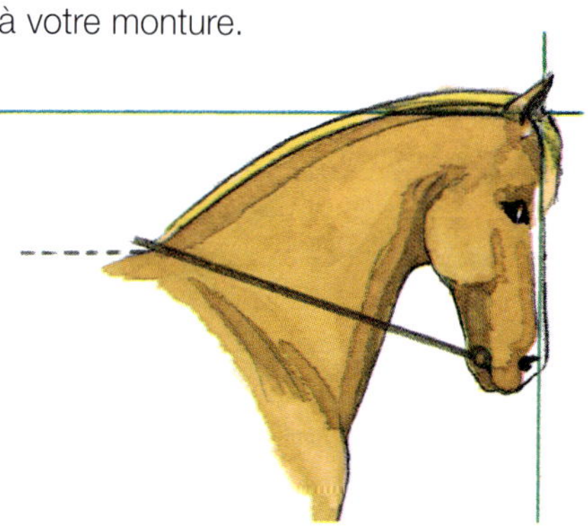

En main (bien)

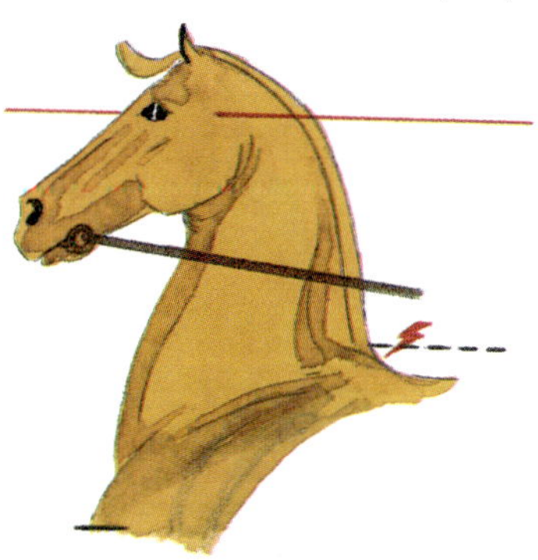

« Au-dessus de la main » ou « Défense »

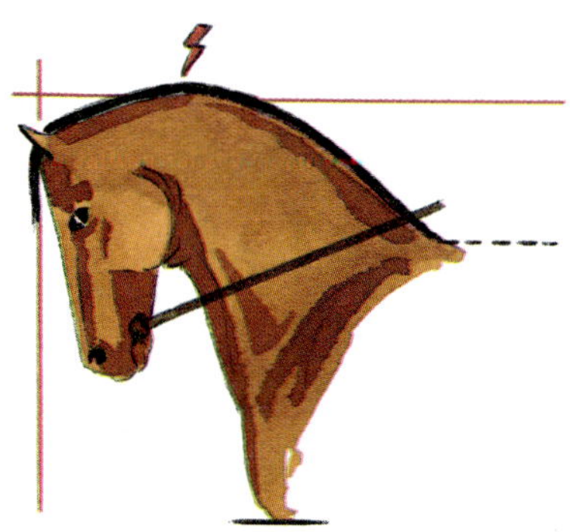

« Enfermé » ou « Encapuchonné » (mal)

« Plaqué ou embouti » (mal)

La notion de « pli »

Le pli est une inflexion latérale légère au niveau de la nuque, l'encolure restant presque droite, les deux oreilles à la même hauteur.

Vous n'apercevez alors que l'arcade sourcilière de votre monture.

Un pli est direct lorsqu'il est marqué dans la direction vers laquelle votre monture se déplace. Il est contraire ou inverse lorsqu'il est marqué dans la direction opposée à celle vers laquelle votre monture se déplace.

Pas de pli

Vue de face (jury)

Vue du dessus (cavalier)

Pli à droite

Vue de face (jury)

Vue du dessus (cavalier)

Le cheval ou le poney « droit »

Une marche franche, dans une direction déterminée, constitue l'expression élémentaire de la rectitude.

Sur la ligne droite

Un cheval ou un poney est « droit » lorsque, en conservant son rachis (colonne vertébrale rectiligne), les traces de ses postérieurs suivent exactement les traces laissées par ses antérieurs.

Sur la courbe

Un cheval ou un poney est « droit » sur la courbe lorsqu'il ajuste la courbure de sa colonne vertébrale à celle de l'arc de cercle qu'il est en train de décrire, les traces de ses postérieurs suivent exactement les traces laissées par ses antérieurs.

Votre monture s'infléchit régulièrement de la nuque à l'arrière-main : elle est incurvée.

La rectitude

Le cheval ou le poney est dans la rectitude lorsqu'il a la possibilité d'exécuter avec autant d'aisance les mouvements à droite ou à gauche en restant « droit ».

La rectitude est un idéal qui permet à l'impulsion de se transmettre dans les meilleures conditions.

Les différentes embouchures

Les filets

Il existe une immense variété de types de filets qui ont des effets différents selon leur conception.

Plus les canons sont épais, plus leur action est douce. Certains sont en résine ou bien en caoutchouc.

Filet ajusté

Filet « Verdun »

Filet à aiguilles

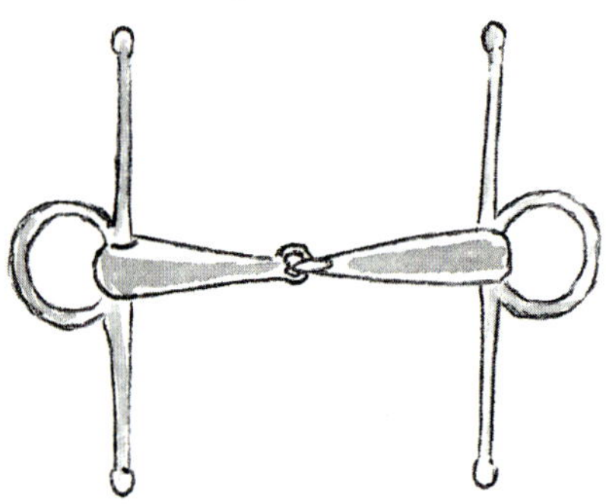

Filet simple à embouchure brisée et gros canons

Filet simple à embouchure droite en caoutchouc

Filet simple à embouchure brisée et canons fins

Filet simple à embouchure brisée recouverte de caoutchouc

Filet à olives ou « Chantilly »

Filet « Baucher »

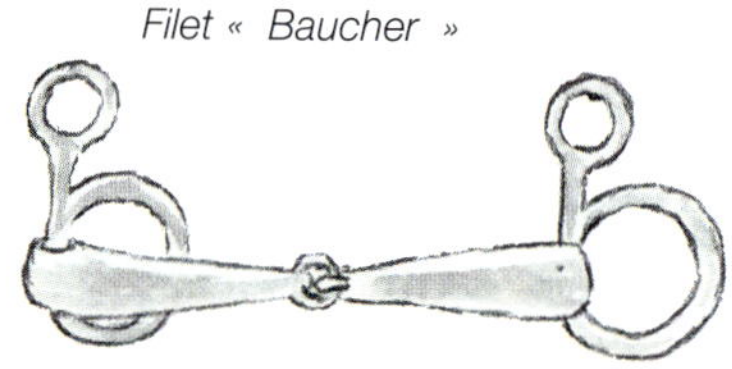

Les embouchures particulières

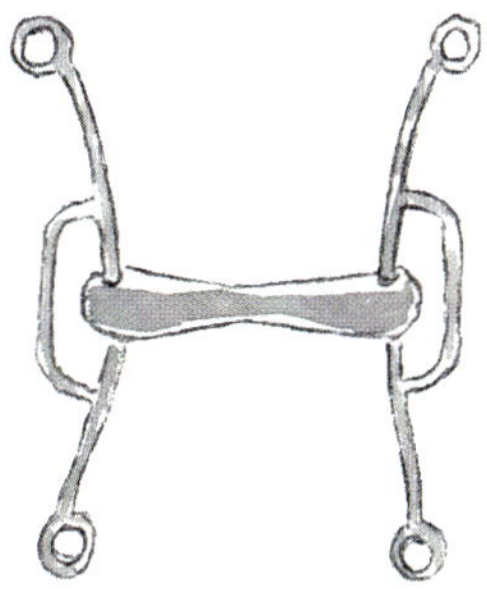

Mors américain à branches

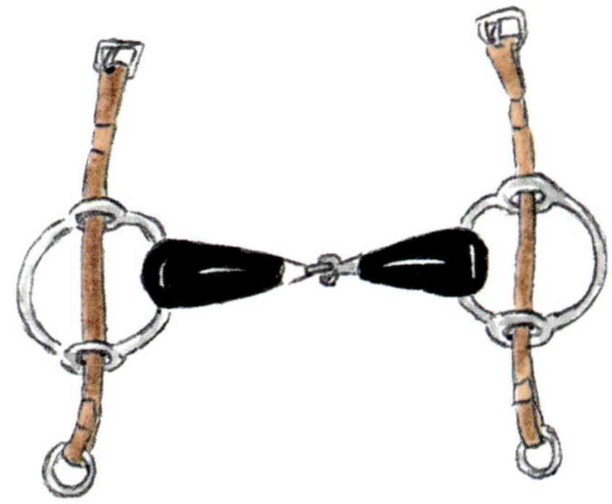

Filet « releveur » à brisure, en caoutchouc

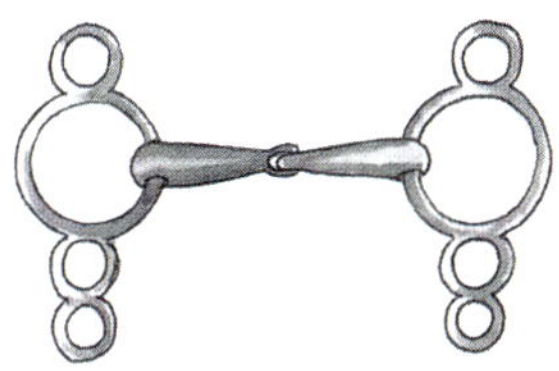

Mors type « Pesoa »

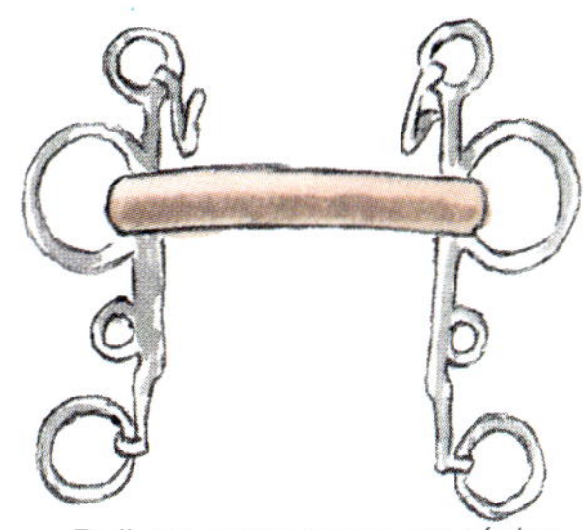

Pelham avec mors en résine

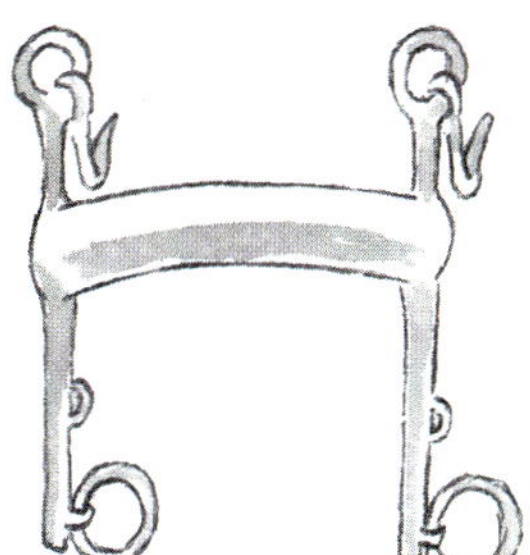

Mors « Lhotte »

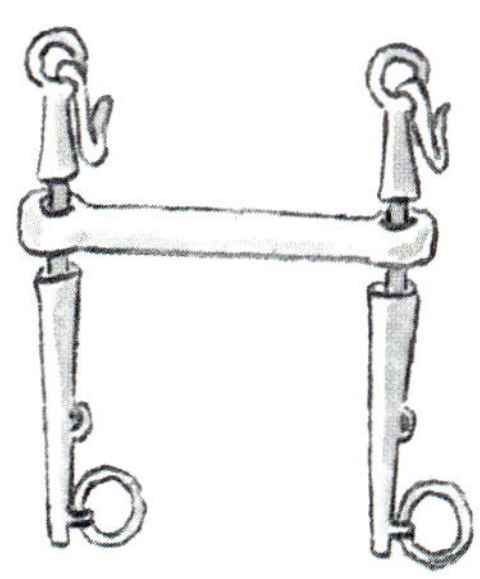

Mors à pompe

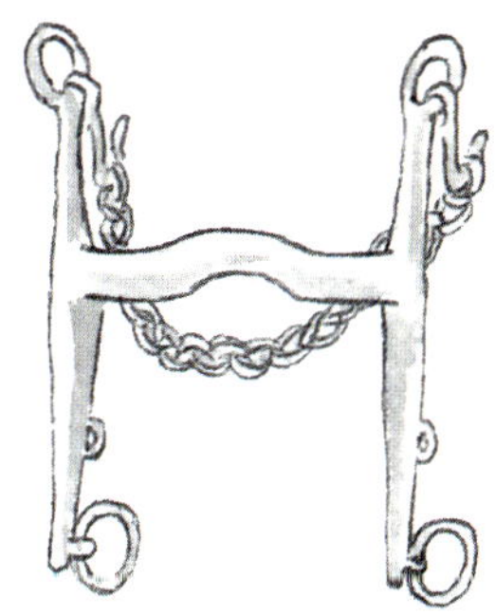

Mors de bride avec passage de langue

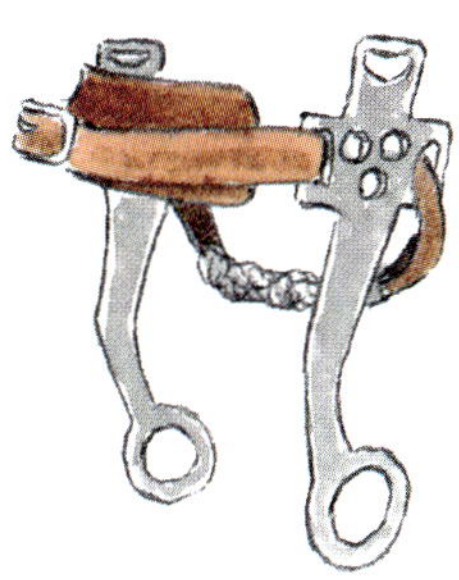

Hackamore à muserolle plate

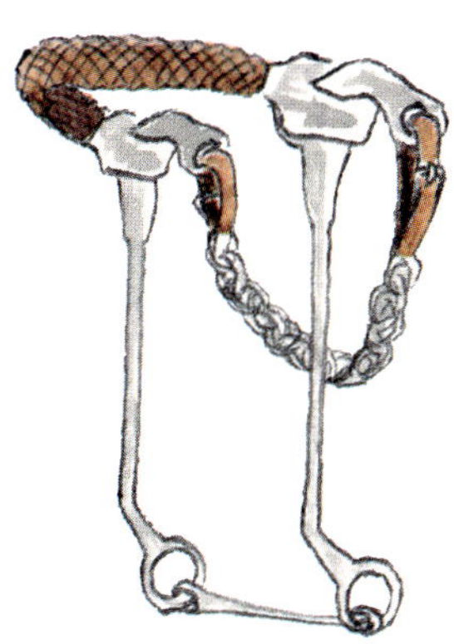

Hackamore à muserolle tressée

Mors anglais

Rôle et effet de la bride

***La bride est un harnachement** qui comporte deux mors et quatre rênes : un mors de filet et un mors de bride avec une gourmette complétée éventuellement par une fausse gourmette.*

Filet simple
à embouchure brisée et canons fins

Filet à olives

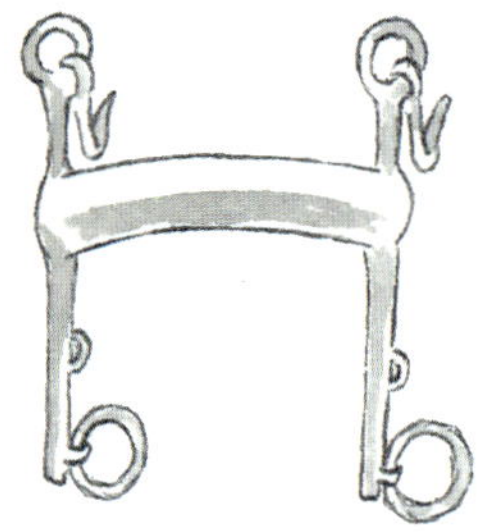

Mors « Lhotte »

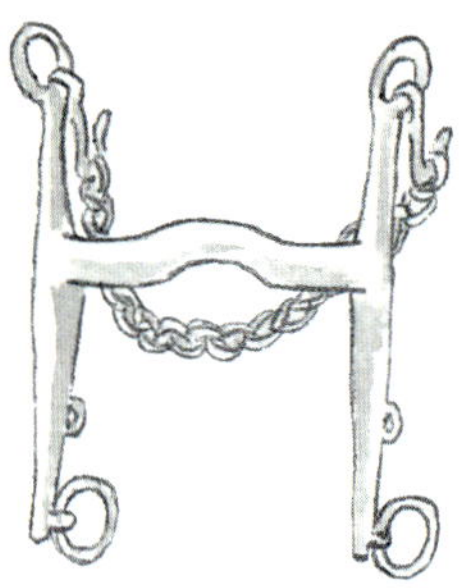

Mors de bride avec passage de langue

Mors à pompe

Vous pouvez rencontrer différents types de mors de bride. Plus les branches sont longues plus leur action est amplifiée.

Le mors peut présenter un passage de langue qui, s'il est très accentué, agit sur le palais.

Dans le cas d'un mors à pompe, le canon coulisse sur les branches. Son action est alors plus douce et plus décontractante.

La gourmette sert de point d'appui au bras de levier formé par les branches du mors de bride, plus elle est serrée, plus l'action du mors est marquée. Elle est assortie généralement à un protège gourmette pour éviter d'éventuelles blessures.

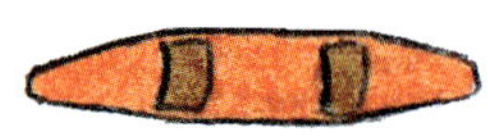

Protège gourmette

Ajuster une bride

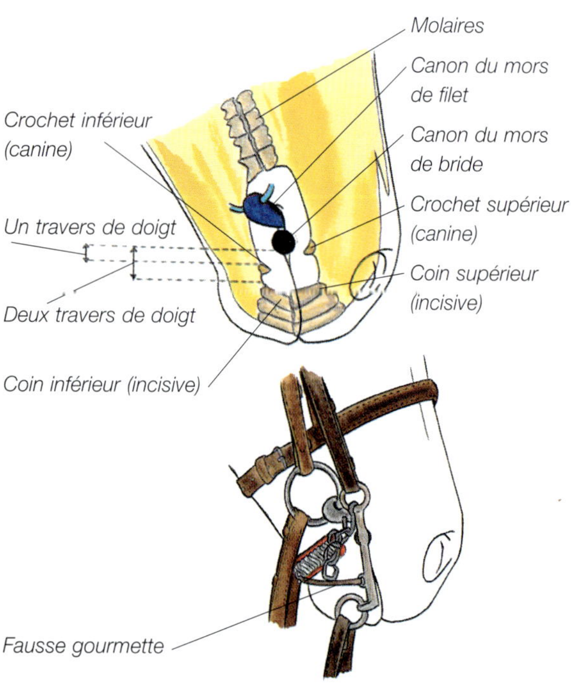

Bride ajustée, rênes détendues

La muserolle se règle à un ou deux travers de doigt de l'apophyse zygomatique. Elle évite que le cheval ou le poney ouvre exagérément la bouche.

Le mors de filet s'ajuste normalement, faisant un ou deux plis à la commissure des lèvres.

Le mors de bride repose sur les barres, à deux ou trois travers de doigt des coins pour les juments et un ou deux travers de doigt des crochets pour les hongres, les entiers, ou les juments bréhaignes*.

La gourmette doit être sur son plat à la hauteur de la barbe, l'anneau de fausse gourmette vers le bas, et ajustée de façon à ce que, lorsque vous tendez vos rênes, l'angle formé par la ligne de la bouche et les branches n'excède pas 45°.

Attention le mors de filet et le mors de bride ne doivent pas se chevaucher dans la bouche de votre monture.

La largeur des mors est importante.

Le mors de filet ne doit pas comprimer la commissure des lèvres, ni former de « V » dans la bouche du cheval ou du poney.

Un mors trop étroit cause des blessures, un mors trop large manque de précision.

* Jument bréhaigne : jument qui a des crochets.

Action de la bride

L'usage de la bride vous permet d'avoir des actions différenciées.

Elle combine l'action des deux mors :

- le mors de filet agit sur la bouche près de la commissure des lèvres et permet un contact franc, l'action de la main est transmise dans l'axe des rênes ;
- le mors de bride agit sur les barres et la langue en basculant, les branches agissent comme des leviers, le point d'appui se situant à la gourmette. Il ferme l'angle tête / encolure.

Vous devez avoir des rênes correctement ajustées, et éviter de les laisser glisser. La fermeture du pouce sur les rênes prend toute son importance.

Le contact doit permettre au cheval ou au poney de mâcher son mors et de rester décontracté.

La bride a un effet puissant qui demande une main précise et fine ainsi que la permanence de l'impulsion.

Elle nécessite une période d'accoutumance tant pour le cheval ou le poney que pour le cavalier.

La tenue des rênes

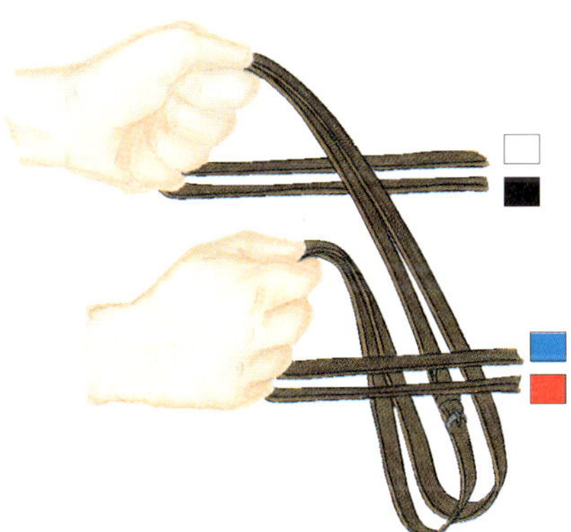

Tenue des quatre rênes « à l'Anglaise »

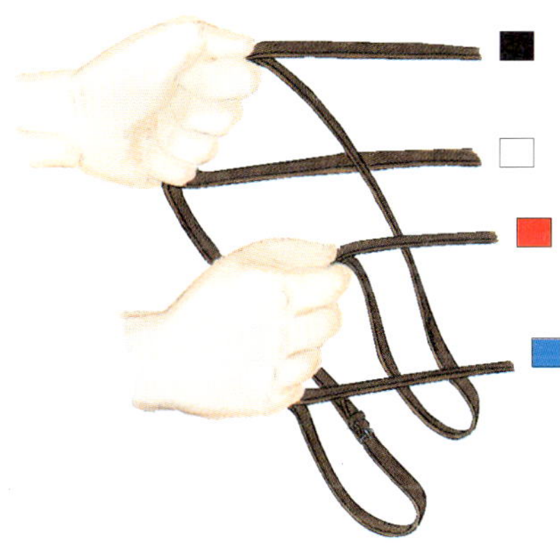

Tenue des rênes croisées « à la Française » ou « de l'Ecole de Versailles »

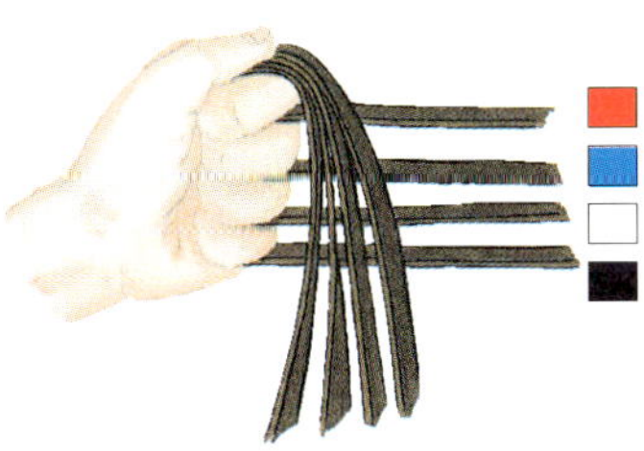

Les quatre rênes dans la main gauche

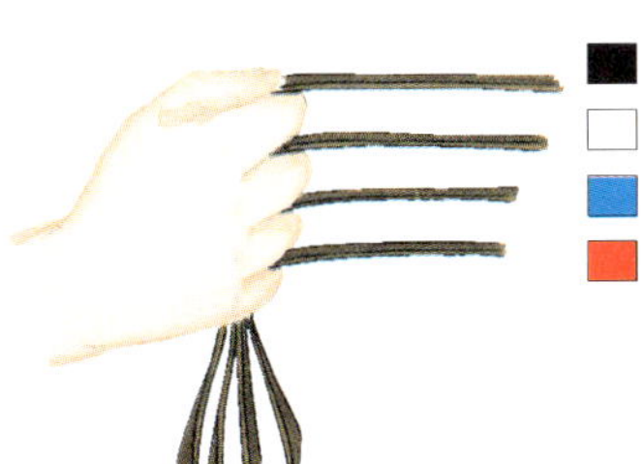

Les quatre rênes dans la main droite

- ■ Rêne gauche de filet (noir)
- ■ Rêne droite de filet (rouge)
- □ Rêne gauche de bride (blanc)
- ■ Rêne droite de bride (bleu)

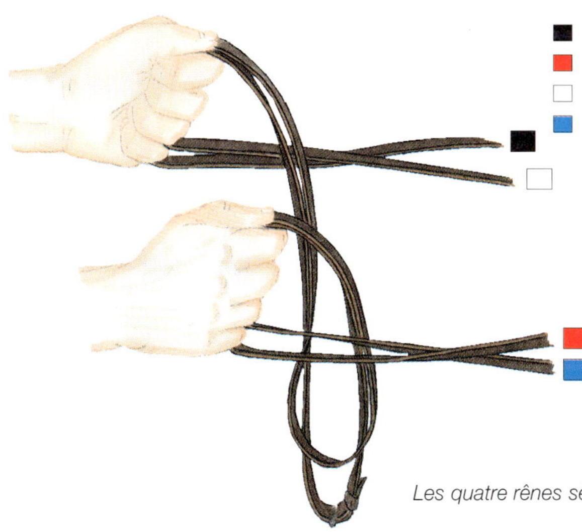

Les quatre rênes séparées

Les enrênements

***Les enrênements sont des moyens mécaniques** qui agissent sur l'attitude du cheval ou du poney, ils ne se substituent pas aux aides du cavalier mais peuvent les compléter.*

Ils peuvent apporter une aide conséquente pour :

- stabiliser le cheval ou le poney dans une attitude pratique ;
- faciliter le travail gymnastique.

Ils nécessitent, toutefois, une formation du cavalier et des précautions d'emploi.

Votre enseignant en choisira un, si besoin est, adapté à votre monture et à l'activité que vous pratiquez.

Presque tous les enrênements interviennent principalement sur l'orientation de l'encolure et l'angle de fermeture tête / encolure. Ils servent de limite supérieure : lorsque l'attitude du cheval ou du poney se modifie et dépasse une certaine limite, alors, l'enrênement agit.

Dans le cas d'une bonne utilisation, le cheval ou le poney cède, l'enrênement se détend (sauf dans le cas de rênes fixes où il est, alors, « posé » dessus), son action n'est que ponctuelle.

Quel que soit l'enrênement employé, son effet ne peut être positif que si l'impulsion est maintenue.

Certains enrênements peuvent être utilisés dans le travail monté, d'autres dans le travail à pied.

Les martingales

Fixe ou à anneaux, la martingale limite les mouvements de tête vers le haut et partiellement sur les côtés.

La martingale fixe

Elle se pose sur une muserolle française. Elle est utilisée en horse-ball, à l'obstacle et sur le plat (travail monté ou à pied).

La martingale à anneaux

Elle se pose par des anneaux coulissants sur les rênes et nécessite la présence obligatoire d'arrêtoirs pour éviter que les anneaux ne se coincent dans ceux du mors.

Pose et ajustage des enrênements (chevaux ou poneys non tendus)

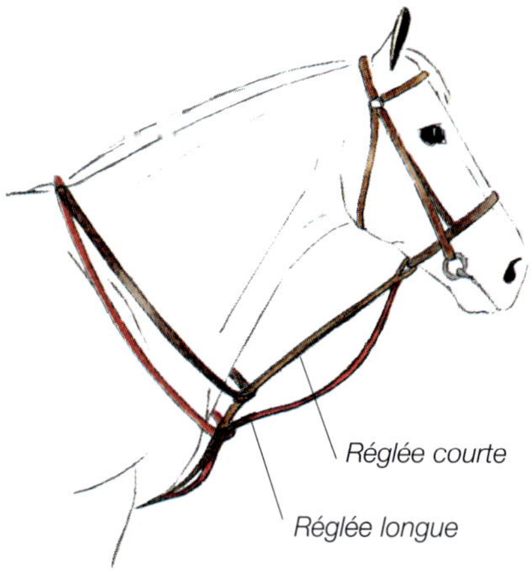

Martingale fixe sur muserolle française (travail à pied ou monté)

Martingale à anneaux trop courte (travail monté)

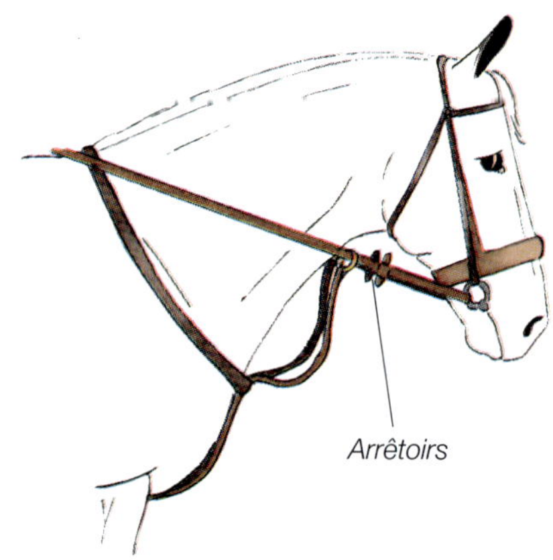

Martingale à anneaux bien réglée (travail monté)

Les rênes coulissantes (dites allemandes)

Elles s'utilisent soit :

- dans le travail monté, elles sont tenues dans les mains du cavalier ;
- dans le travail à pied, elles sont fixées au surfaix.

Elles peuvent se régler de diverses façons.

Leur action est différente selon leur position :

- en grand triangle, posées au niveau de l'inter-ars et au niveau du garrot, elles orientent l'encolure vers une attitude stable dans l'horizontalité. Cette position permet une grande liberté d'attitude ;
- en triangle inférieur : posées à la sangle, au niveau de l'inter-ars, et fixées au surfaix à la hauteur des jambes du cavalier, elles permettent une attitude vers le bas et favorisent la tension horizontale ;
- en triangle supérieur : posées à la sangle, au niveau du garrot, et fixé au quartier de la selle à la hauteur des mollets du cavalier, elles favorisent le soutien de l'avant-main et peuvent être utilisées dans le travail vers le rassembler.

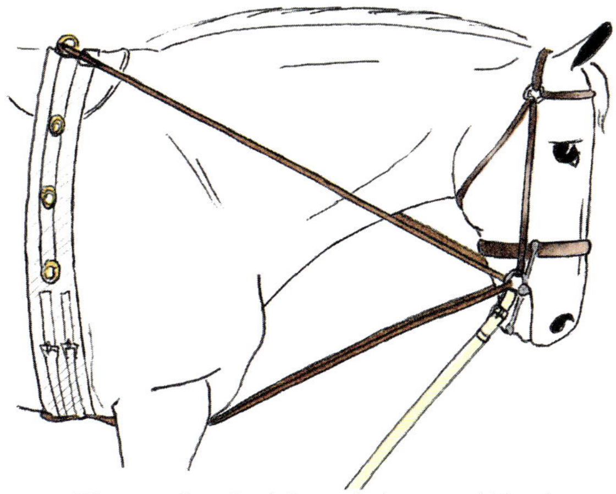

Rênes coulissantes (allemandes) en grand triangle (travail à pied ou monté)

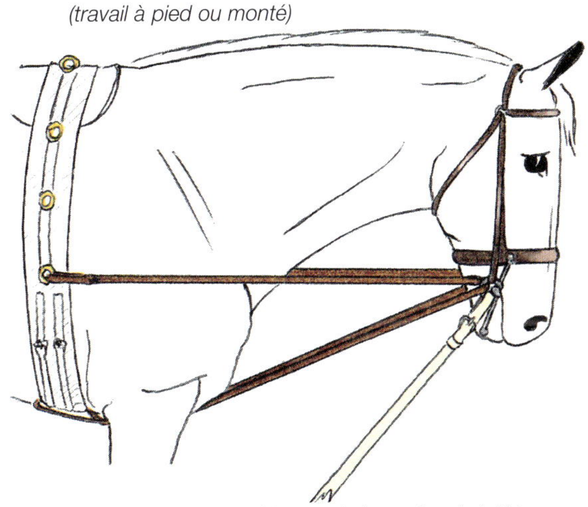

Rênes coulissantes (allemandes) en triangle inférieur (travail à pied ou monté)

Les rênes fixes

Elles se fixent à l'inter-ars ou latéralement à la hauteur des mollets du cavalier. Leur action peut être adoucie par un anneau élastique. Dans le travail à la longe, l'élastique extérieur doit être plus long.

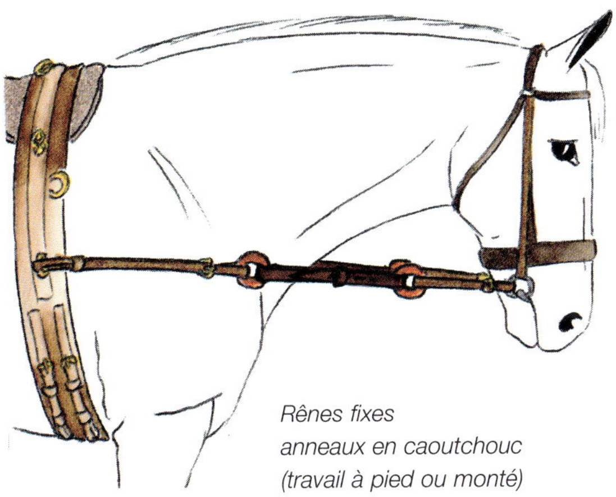

Rênes fixes anneaux en caoutchouc (travail à pied ou monté)

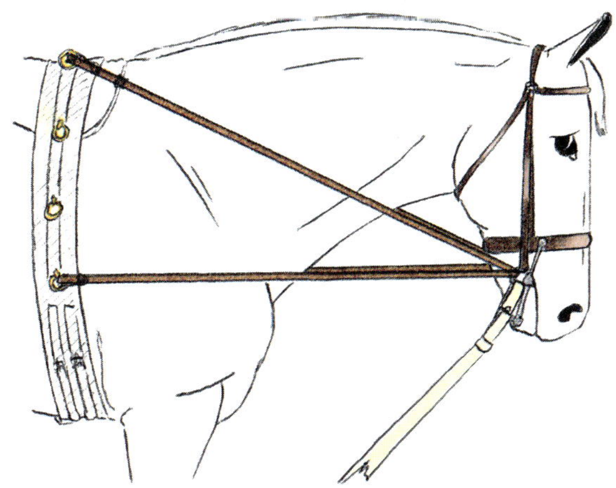

Rênes coulissantes (allemandes) en triangle supérieur (travail à pied ou monté)

Rênes coulissantes (allemandes) bien employées

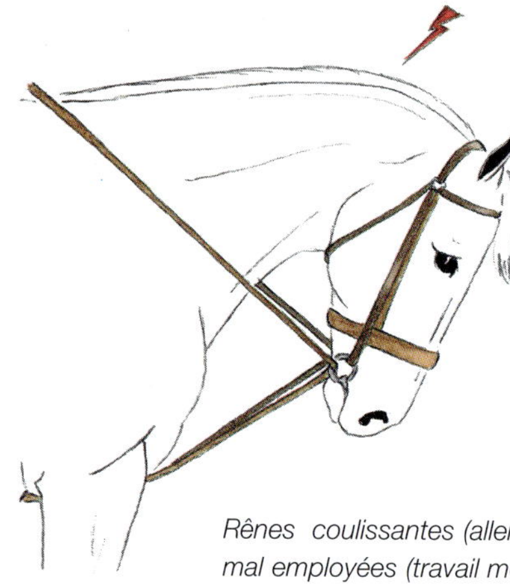

Rênes coulissantes (allemandes) mal employées (travail monté)

Le Gogue

Il peut s'utiliser dans le travail monté ou dans le travail à pied, d'une manière fixe ou commandée, et a pour effet principal de fermer l'angle tête/encolure.

Gogue fixe (travail à pied ou monté)

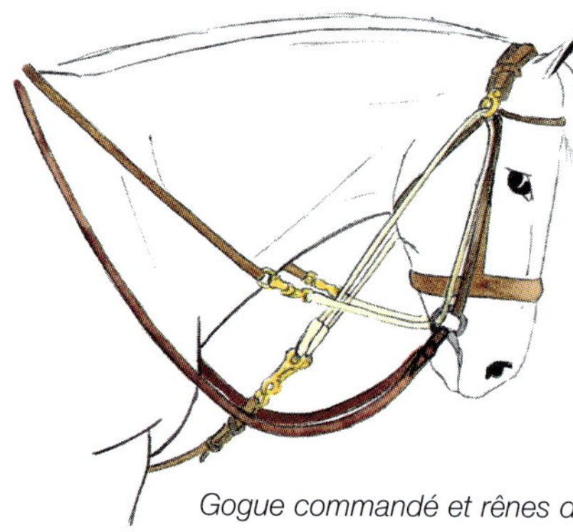

Gogue commandé et rênes de filet (travail monté)

Le Chambon

Son emploi délicat demande une bonne habitude du maniement des enrênements.

Il a pour effet d'orienter l'encolure du cheval ou du poney vers le bas et loin devant dans l'attitude type de l'extension d'encolure.

Il s'utilise très rarement et avec prudence dans le travail monté.

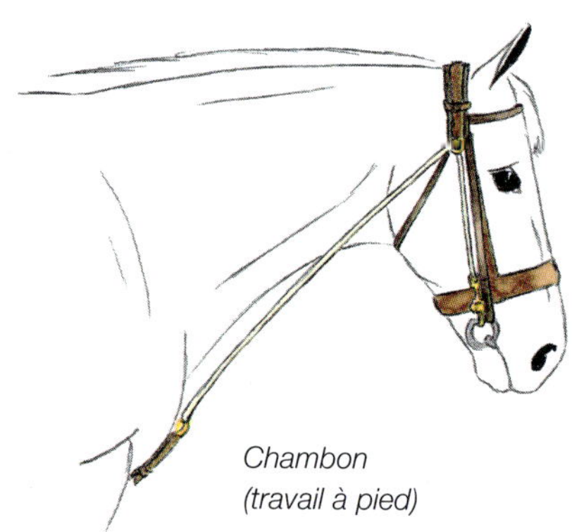

Chambon (travail à pied)

Attention : un enrênement mal ajusté ou mal utilisé oriente le cheval ou le poney dans une attitude fausse entraînant des problèmes physiques et psychologiques (troubles de la locomotion, d'équilibre mais aussi douleurs musculaires et articulaires provoquant parfois des défenses et une perte de moral).

Communiquer

***Dans ce chapitre sont abordées les connaissances techniques** qui se rattachent à la pratique à cheval du Galop 5 au Galop 7.*

La conduite du cheval ou du poney entraîne le cavalier à agir avec le poids de son corps, ses jambes et ses mains : ses « aides ».

Le cavalier peut agir, céder ou résister.

L'effet obtenu n'est juste et n'a d'intérêt équestre que dans la mesure où il est la conséquence directe de la cession du cheval ou du poney sur les aides du cavalier, c'est-à-dire de la manifestation concrète et physique de son adhésion au message émis par le cavalier.

Avant d'aborder les données purement techniques, essayons de définir le but poursuivi par le cavalier à cheval ou à poney.

Quelle que soit l'activité pratiquée, le cavalier doit maîtriser l'évolution de sa monture dans l'espace puis progressivement, améliorer, développer et adapter sa locomotion.

L'équitation pratique se définit donc par la maîtrise des forces musculaires de la monture sur trois axes :

- l'axe horizontal relatif aux mouvements longitudinaux ;
- l'axe vertical relatif aux variations de l'équilibre (épaules / horizontal / hanches) ;
- l'axe latéral relatif aux exercices d'incurvation ou de déplacement latéral.

Maîtriser le déplacement de sa monture

Sur l'axe horizontal, maîtriser le déplacement de sa monture c'est canaliser, développer, améliorer le mouvement vers l'avant et vers l'arrière donc entretenir, créer, ou orienter l'impulsion naturelle de sa monture.

Sur l'axe vertical, maîtriser le déplacement de sa monture c'est canaliser, développer, améliorer le mouvement vers le haut donc entretenir, créer ou orienter l'équilibre naturel de sa monture.

Sur l'axe latéral, maîtriser le déplacement de sa monture c'est canaliser, développer, améliorer le mouvement vers la droite ou vers la gauche donc entretenir, créer ou orienter l'équilibre naturel de sa monture.

La maîtrise générale de l'expression musculaire du mouvement d'un cheval ou d'un poney aboutit à la maîtrise de la résultante issue de ces trois axes.

Ces trois axes du mouvement du cheval représentent les trois éléments fondamentaux :

- avancer ;
- s'équilibrer (puis équilibrer sa monture) ;
- tourner ;

auxquels le cavalier est confronté en permanence et cela quel que soit l'objectif qu'il se fixe.

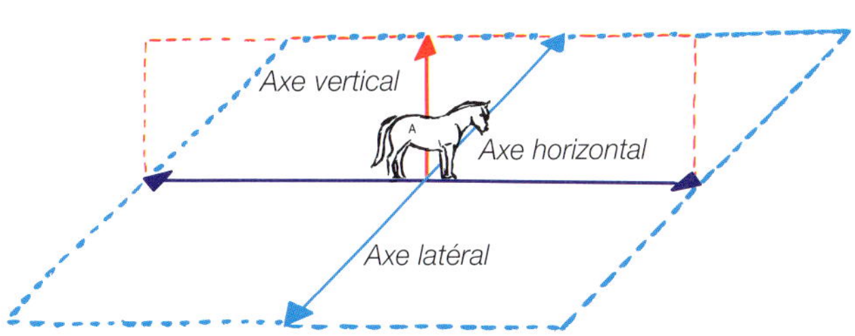

Il doit être maître :

- de l'impulsion ;
- de son propre équilibre puis progressivement de celui de son cheval ;
- de la direction.

Les aides

Les moyens dont dispose le cavalier pour communiquer avec son cheval ou son poney sont les aides.

Elles se divisent en trois familles :

- les aides naturelles (poids du corps, jambes, mains et voix) ;
- les aides artificielles (éperons, cravache et chambrière) ;
- les aides complémentaires (enrênements).

Actions des aides

Elles contribuent toutes au même objectif, la maîtrise du mouvement du cheval dans l'espace.

Elles permettent au cavalier d'agir dans les trois dimensions :

- l'axe horizontal ;
- l'axe vertical ;
- l'axe latéral.

Les aides naturelles

Le poids du corps

C'est par l'intermédiaire de « l'assiette » ou du poids sur les étriers que le cavalier agit avec son poids du corps.

Le poids du corps a une influence sur le déplacement du cheval sur l'axe horizontal. Il intervient alors par des reports de poids vers l'avant ou vers l'arrière, soit pour régler l'allure, soit pour s'arrêter ou reculer.

Il rentre en jeu également dans le tourner (axe latéral). Peser sur un étrier ou sur l'autre permet de renforcer une indication ou de s'opposer à un mouvement.

Il a aussi une influence dans la maîtrise de l'équilibre du cheval et sa propulsion selon l'axe vertical en équilibre assis ou sur les étriers.

Les jambes

Sur l'axe horizontal, elles interviennent simultanément. Elles ont pour effet de mettre le cheval en mouvement, de changer l'allure ou d'augmenter la vitesse.

Sur l'axe latéral, elles interviennent de façon isolée. Selon leur position par rapport à la sangle, elles peuvent demander une incurvation ou un déplacement des hanches.

Sur l'axe vertical, elles interviennent pour entretenir l'activité des hanches, conserver l'impulsion et contrôler ou faire varier l'équilibre de la monture.

Les mains

Sur l'axe horizontal, elles interviennent simultanément pour régler la vitesse des allures, s'arrêter ou reculer.

Sur l'axe latéral, elles interviennent pour conduire le cheval latéralement en orientant ses épaules :

- soit par un effet direct en attirant le bout du nez du côté du tourner, l'encolure et le reste du corps suivent ;
- soit par un effet contraire en poussant les épaules du côté opposé à son action.

Sur l'axe vertical, elles orientent l'attitude du cheval ou du poney.

La voix

Le cheval ou le poney est très sensible aux intonations de la voix. Elle intervient surtout dans le travail à pied mais s'utilise aussi dans le travail monté. Son action joue essentiellement sur l'axe horizontal pour stimuler ou calmer.

Les aides artificielles

L'éperon

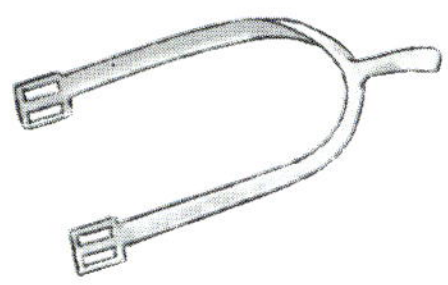

Eperon « Prince de Galles »

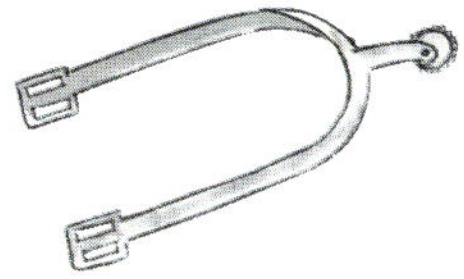

Eperon « à mollettes »

L'éperon prolonge l'action de la jambe. Il renforce et précise cette action. Votre enseignant vous conseillera d'en porter, si nécessaire, dès que vos jambes seront suffisamment stables et, en général, dès que vous commencerez à mobiliser votre monture latéralement.

Choisir des éperons

Il existe une très grande variété d'éperons qui ont différentes actions.

Demandez conseil à votre enseignant qui vous indiquera un type d'éperon adapté à votre monture.

L'action de l'éperon dépend de la longueur et de la forme de la tige.

En aucune manière l'éperon ne remplace l'action de votre mollet en tant qu'aide.

Poser des éperons

Mettre des éperons correctement est important, vous devez apprendre à les ajuster dès la première fois, réglez les lanières à la dimension de vos bottes, de manière à ce que les branches soient parallèles à la semelle, la tige légèrement orientée vers le bas, à la même hauteur de chaque côté.

Le pendant de la lanière et la boucle de fermeture sont à l'extérieur.

Eperon reposant sur le taquet de la botte

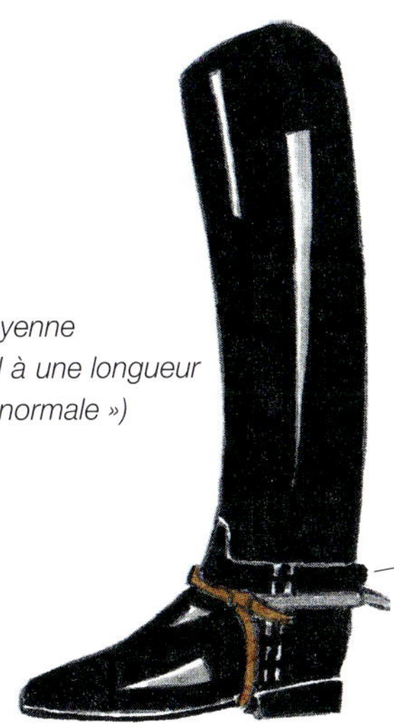

Eperon situé juste sous le taquet

Eperon nettement sous le taquet
Recommandé pour la pratique en Amazone

La cravache

Il existe plusieurs sortes de cravaches qui ont des rôles différents.

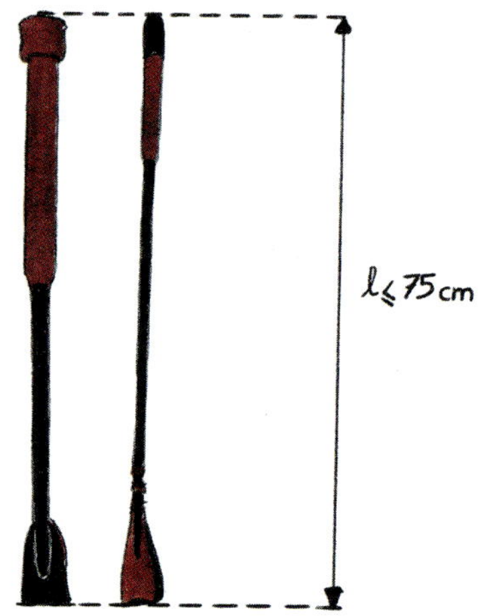

Cravaches de longueur réglementaire

Cravache longue ou « Stick »
Employée pour le travail sur le plat, et par les amazones

La cravache de dressage (longue)

Elle a pour but d'agir sur les hanches du cheval ou du poney.

Utilisez-la du côté où vous voulez contrôler ou stimuler une hanche.

Le port de la cravache est interdit dans les compétitions de dressage sauf pour les amazones.

La cravache « ordinaire »

En compétition sa longueur est réglementée à 75 centimètres maximum. Elle est interdite en compétition de dressage.

Elle peut avoir plusieurs actions :

- une action stimulante en cas d'hésitation, agissez par petits coups légers et brefs sur l'épaule de votre monture sans perdre le contact avec la bouche, ni tirer sur vos rênes ;
- une action ferme en cas de désobéissance marquée ou d'évidente mauvaise volonté, donnez un coup de cravache efficace sur le flanc sans brutalité ni violence, gardez vos rênes ajustées dans une main pour continuer à contrôler la vitesse et la direction ;
- une action éducative, la « leçon de jambe » en cas de non-réponse à l'action des jambes, tenez les rênes dans une main en laissant la liberté du mouvement en avant. Agissez avec vos deux jambes, s'il n'y a pas ou peu de réponse, alors donnez immédiatement après un petit coup de cravache derrière la botte et exigez le mouvement en avant.

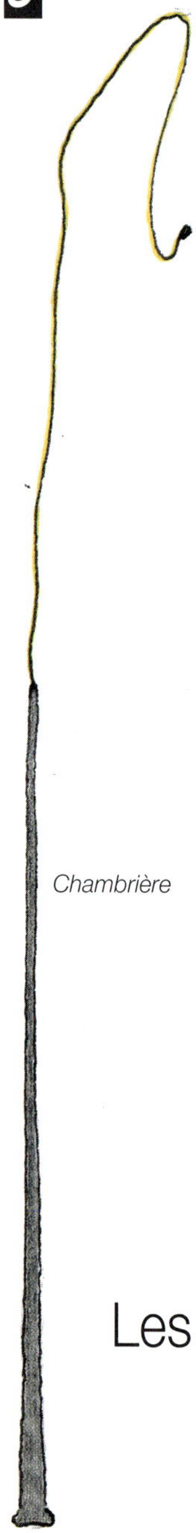

Chambrière

Votre enseignant vous indiquera dans quelles circonstances il vous est nécessaire de prendre une cravache.

La chambrière

Elle est indispensable dans le travail à pied où elle contrôle l'impulsion, la direction et l'équilibre du cheval ou du poney.

Les aides de complément

Les enrênements

Ce sont des moyens mécaniques qui peuvent compléter l'action des aides naturelles et artificielles du cavalier (se reporter à la page 48).

Emploi des aides

Les actions des différentes familles d'aides se coordonnent. Elles peuvent :

- agir, pour faire une demande ;
- céder, pour revenir au contact de base ;
- résister, pour empêcher un mouvement ou pour combattre une opposition de la part de votre monture.

Pour que les aides soient coordonnées, il est nécessaire que le cavalier soit capable de ne pas opposer leurs actions.

L'indépendance des aides est l'autonomie des différents segments corporels, c'est-à-dire la capacité du cavalier à faire intervenir une aide sans que cela n'ait de conséquence sur le reste de son corps.

L'accord des aides : par l'indépendance des aides le cavalier accède à l'accord des aides, c'est-à-dire le concours que le cavalier doit obtenir de ses jambes, de ses mains et de son poids du corps pour permettre, faciliter et hâter la bonne exécution des mouvements demandés.

Les aides sont les moyens qui vous permettent de communiquer avec votre monture.

Une communication efficace passe par la stabilité du cavalier qui permet l'indépendance et l'accord des aides.

Dans toutes vos demandes, vous devez :

- savoir ce que vous voulez obtenir ;
- connaître les aides à employer pour l'obtenir ;
- adopter une attitude juste ;
- placer vos aides ;
- doser l'intensité de chacune d'elles ;
- évaluer la réponse de votre monture ;
- contrôler le mouvement en permanence.

Quelques règles sont à observer :

- ***préparez avant de demander ;***
- ***avant toute action de mains, assurez-vous que votre monture est active.***

Dans ce chapitre, nous avons traité les objectifs que se fixe le cavalier et les moyens dont il dispose pour communiquer avec sa monture et les atteindre.

Dans les parties suivantes, nous abordons chaque discipline en les organisant par « Galop » et en faisant ressortir les connaissances que vous devez posséder pour chacun des niveaux.

Vous repérerez facilement les trois fondamentaux par leurs couleurs :

« S'équilibrer / équilibrer sa monture » ;

« Avancer » ;

« Tourner ».

Sachant que monter à cheval, ce n'est pas uniquement adopter la position adéquate et attendre le résultat, mais que nous nous trouvons dans la dynamique d'un mouvement dans l'espace, soyez convaincus :

- qu'il existe des grands principes que vous devez absolument respecter ;
- que monter à cheval n'est pas une science exacte et qu'un cavalier habile doit être capable d'adapter son comportement en permanence en fonction des événements.

Nous indiquons, dans certains mouvements, des cas types de problèmes rencontrés et de comportements à avoir pour les résoudre.

Ils se présentent sous la forme : SI votre monture ...., ALORS ....

Cette liste de cas n'est pas exhaustive et vous pouvez rencontrer d'autres situations plus ou moins classiques.

Concours de Dressage

Introduction au dressage

***La formation du cavalier de dressage** s'organise autour des trois fondamentaux : « s'équilibrer / équilibrer sa monture » ; « avancer » ; « tourner ».*

Généralités

Chaque niveau de « Galop », propose par diverses situations, une progression logique dans chacun de ces fondamentaux. Dans chaque mouvement un fondamental est mis en avant (en fonction du niveau du cavalier et de sa monture) par rapport aux deux autres.

Par exemple : pour décrire une courbe, le fondamental dominant est « tourner » (la direction) mais il est aussi nécessaire de conserver l'impulsion (« avancer ») et de garder l'équilibre (« équilibrer »).

Nous classerons les différentes situations selon le fondamental dominant.

« S'équilibrer »

L'équilibre assis du cavalier évolue au cours de sa progression pour aboutir à la stabilité qui lui permet une autonomie de plus en plus grande.

Cette stabilité se traduit par une absence de mouvement inutile ou involontaire (ces mouvements, dus à l'inconfort, parasitent les actions du cavalier et le rendent moins efficace).

Votre attitude va se modifier au cours de votre progression par le redressement du buste et par la descente de vos jambes ce qui n'est possible que si votre bassin est toujours en phase avec le mouvement : accélérations, décélérations, changements de rythme ou de direction. Votre position évoluera par étapes jusqu'à se rapprocher de la verticalité.

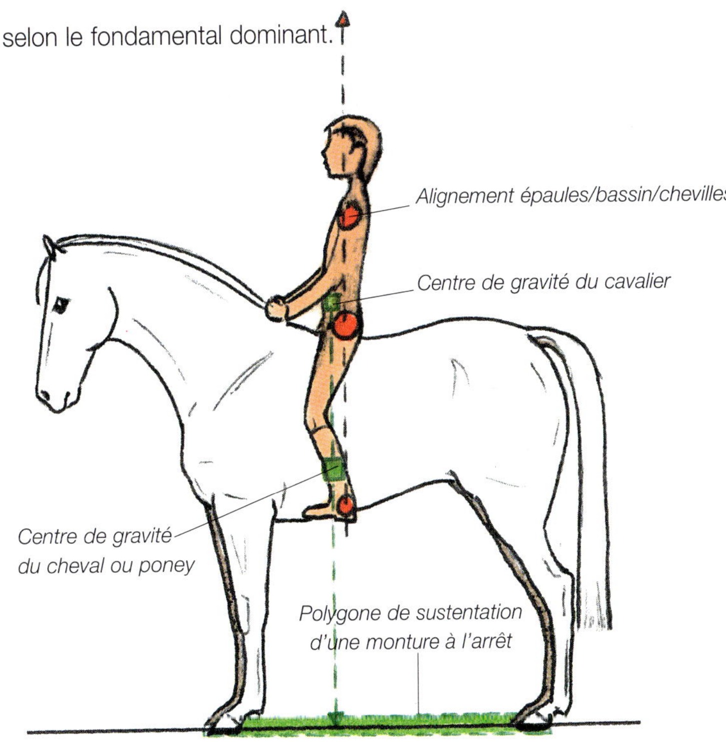

Position du cavalier en équilibre assis

« Equilibrer sa monture »

Les exigences seront là aussi progressives. Elles vont d'une régulation simple de la vitesse au Galop 5, à la maîtrise de l'équilibre horizontal et latéral, en conservant le cheval ou le poney sur la main, au Galop 7.

« Avancer »

Ce fondamental se retrouve dans la famille des transitions longitudinales que sont :

- les changements d'allures ;
- les variations d'amplitudes dans une même allure.

« Tourner »

Ce fondamental se retrouve dans la famille des courbes et des déplacements latéraux et, plus généralement, à chaque changement de direction.

Le dressage au Galop 5

Pour le Galop 5, vous devez être capable, *en équilibre assis, de présenter un cheval ou un poney stable dans ses allures et dans son attitude sur différents mouvements.*

« S'équilibrer et équilibrer sa monture » se retrouvent dans tous les mouvements, quelle que soit leur famille d'appartenance. Au niveau du Galop 5, l'accent est mis sur l'équilibre du cavalier (s'équilibrer)

« Avancer » se retrouve dans la famille des transitions lors des exercices suivants :

- changer d'allure ;
- prendre le galop du pas en un point précis ;
- varier l'amplitude du pas.

« Tourner » se retrouve dans la famille des courbes lors de l'enchaînement et l'inversion des courbes serrées au pas et au trot ; dans la famille des déplacements latéraux avec les déplacements latéraux au pas ; dans la famille des changements de main.

Les transitions

Les changements d'allures

Ils peuvent être descendants (d'une allure supérieure à une allure inférieure) ou montants (d'une allure inférieure à une allure supérieure).

Quel qu'il soit, un changement d'allures doit être franc et sans brusquerie, l'allure antérieure toujours maintenue jusqu'à la nouvelle allure, le cheval ou le poney tendu et énergique.

Les changements d'allures s'attachent aux fondamentaux :

- « s'équilibrer » et « avancer ».

Le fondamental dominant est : « s'équilibrer ».

Quels sont les problèmes d'équilibre ?

Chaque allure possède son propre mécanisme et le passage, d'une allure à l'autre, occasionne parfois des problèmes de stabilité.

Recherchez le « fond de la selle » dans le changement d'allure sans incliner le buste en avant ou en arrière de vos hanches, les talons sous les fesses.

Soyez en phase dès les premières foulées de la nouvelle allure.

L'équilibre de la monture doit être pris en compte dans la préparation du mouvement : quelle que soit votre demande, préparez les changements d'allures (pour ne pas surprendre votre monture) en soutenant votre dos.

Quelles sont les aides à mettre en place pour demander le changement d'allure ?

Lorsque vous désirez passer d'une allure supérieure à une allure inférieure :

- agissez avec les mains en cadence avec l'allure, et cédez avec vos jambes en veillant à conserver suffisamment d'impulsion pour obtenir l'allure désirée (vos épaules ne doivent pas passer en avant de la verticale) ;
- accompagnez la nouvelle allure dès les premières foulées.

Lorsque vous désirez passer d'une allure inférieure à une allure supérieure :

- fermez vos deux jambes simultanément par pressions des mollets ;
- cédez avec les mains en desserrant les doigts tout en conservant le contact, vous devez avoir l'impression que le changement d'allure débute sous votre selle ;
- dès les premières foulées, accompagnez la nouvelle allure.

> ***Comment réagir ?***
> ***SI votre monture résiste à l'action de vos jambes ou de vos mains ALORS redemandez le mouvement en renforçant votre action, soit à un autre endroit, soit en variant le dosage et l'emploi de vos aides.***

Prendre le galop du pas en un point précis

Le cheval ou le poney en restant le plus droit possible, prend le galop du pas (sans foulée de trot) de façon franche et sans brusquerie. Le départ se fait par prise d'équilibre grâce à l'engagement des postérieurs sous la masse.

Ce mouvement demande au cavalier la maîtrise de l'impulsion (action des jambes) mais aussi une orientation précise en fonction du pied demandé c'est-à-dire le contrôle des épaules et des hanches de sa monture (actions coordonnées des jambes et des mains).

Le fondamental dominant est : « avancer ».

Préparation du départ au galop à droite.
Mise en place des aides.
Orientation de la monture.
Contrôle de la vitesse du pas.

Départ au galop à droite du pas.
Premier temps du galop à droite.
Le cavalier sent son bassin emmené en oblique vers l'avant et la droite.
Ce ne sont pas les épaules qui reculent, c'est le bassin qui avance.

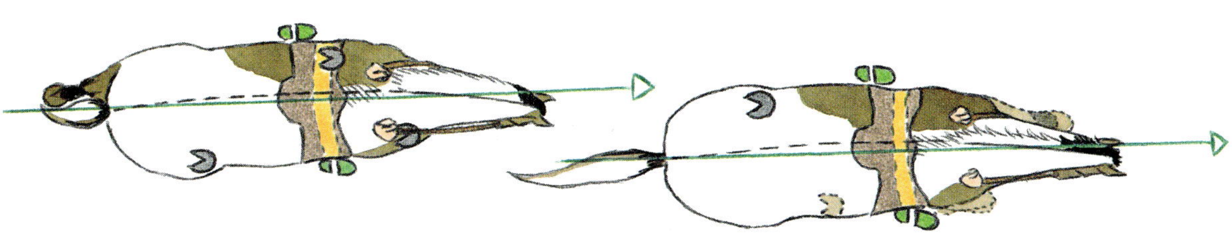

Quelles sont les aides à mettre en place pour demander le départ au galop dans des conditions idéales ?

Par exemple : départ au galop à droite à une lettre :

- prévenez votre monture de votre intention ;
- contrôlez la vitesse du pas ;
- décalez vos jambes, avancez votre hanche droite nettement (l'assiette est prolongée par une action du mollet d'arrière en avant) ;
- agissez avec les deux jambes en les gardant décalées, la jambe gauche tient les hanches ;
- en conservant deux rênes égales, cédez avec la main droite pour permettre à l'épaule droite d'avancer, déclenchez le départ ;
- votre monture prend le galop sur le pied droit ;
- accompagnez le galop dès les premières foulées.

Comment réagir ?

SI votre monture retombe dans le trot juste après avoir pris le galop ALORS :

deux possibilités se présentent :

- ***un manque d'impulsion, redemandez le départ au galop et gardez vos jambes au contact dès les premières foulées ;***
- ***un problème d'encaissement du cavalier, redemandez le départ et veillez à accompagner le galop dès la première foulée en gardant vos jambes au contact.***

SI votre monture précipite le pas ou prend le trot avant le départ au galop ALORS ralentissez, rééquilibrez-la en soutenant votre dos et en gardant vos jambes vigilantes, puis redemandez le départ au galop.

SI votre monture part sur le pied opposé ou se désunit ALORS contrôlez le côté extérieur en renforçant vos aides (jambes et mains) puis redemandez le départ. Vous pouvez aussi vous aider du coin pour orienter votre monture.

Varier l'amplitude du pas

Au pas allongé, le cheval ou le poney couvre plus de terrain en se méjugeant nettement.

Cela se traduit par une augmentation de l'amplitude de chaque foulée accompagnée d'une modification de l'attitude du cheval ou du poney. En effet il étend sa ligne du dessus (sans que son encolure ne s'affaisse) pour pouvoir augmenter son amplitude.

Votre monture doit rester régulière et énergique dans ses foulées puis revenir au pas moyen en conservant son activité.

Le cavalier gère deux transitions :

- pas moyen / pas allongé ;
- pas allongé / pas moyen.

Le fondamental dominant est : « avancer ».

Les problèmes d'équilibre chez le cavalier sont pratiquement inexistants au pas.

Quelles sont les aides à mettre en place pour demander une variation d'amplitude au pas dans des conditions idéales ?

- agissez à la sangle avec les deux jambes de façon discontinue et alternative par pressions des mollets ;
- accompagnez le mouvement en restant tonique et en respectant la cadence du pas ;

- cédez avec les mains en desserrant les doigts tout en conservant le contact. Laissez votre monture étendre sa ligne du dessus, sans que son encolure ne s'affaisse, vous avez alors la sensation qu'elle se « déplie ».

Pour ralentir le pas, votre attitude et vos aides sont les mêmes que pour passer d'une allure supérieure à une allure inférieure.

Comment réagir ?

SI votre monture trottine et se contracte, ALORS ralentissez, puis redemandez le mouvement en prenant soin de ne pas aller au-delà de ses possibilités.

SI votre monture ne varie pas du tout l'amplitude de ses foulées ou ne modifie pas son attitude, ALORS vérifiez qu'elle est active puis redemandez le mouvement.

Attention : certains chevaux ou poneys ont peu d'amplitude naturelle au pas et ne peuvent développer leur foulée que modestement.

Variation de l'amplitude du pas

Les figures simples

Au cours d'une reprise vous pouvez rencontrer plusieurs types de courbes :

- le cercle, le demi-cercle et la serpentine (de diamètres plus ou moins grands) ;
- le coin ;
- le début et la fin du doubler.

Pour pouvoir tracer d'une manière précise une courbe ou un arc de cercle, le cheval ou le poney doit s'incurver en ajustant la courbure de son rachis à celle de la courbe.

Plus le diamètre d'une courbe est petit, plus la monture doit ployer son rachis, plus le tourner est difficile à exécuter. Cette difficulté s'accroît en fonction des allures et de la vitesse. Tourner serré au pas est plus facile qu'au galop.

Le cavalier doit contrôler l'orientation de sa monture (épaules et hanches) sur la courbe désirée en réglant le mouvement au fur à mesure tout en conservant l'impulsion, son propre équilibre, l'équilibre latéral de son cheval ou son poney.

Le fondamental dominant est : « tourner ».

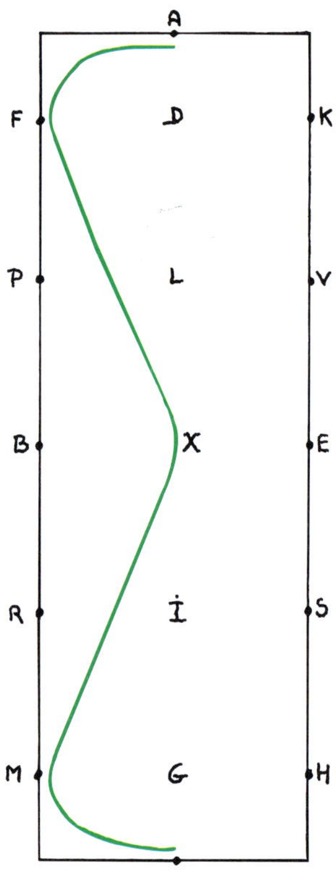

Contre changement de main sur la ligne du milieu Manège ou carrière 60 m x 20 m

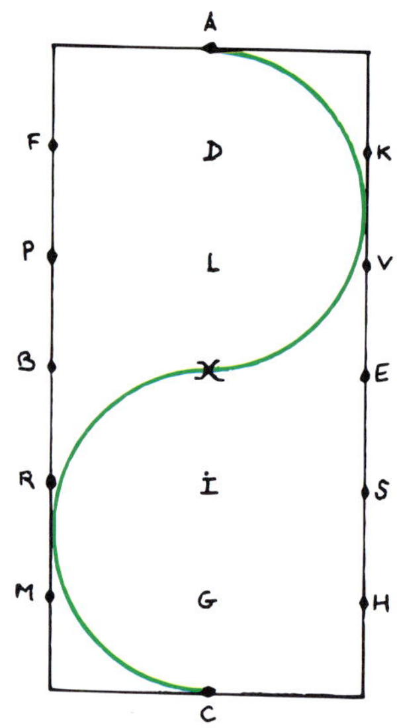

Serpentine deux boucles Manège ou carrière 40 m x 20 m

Cercle

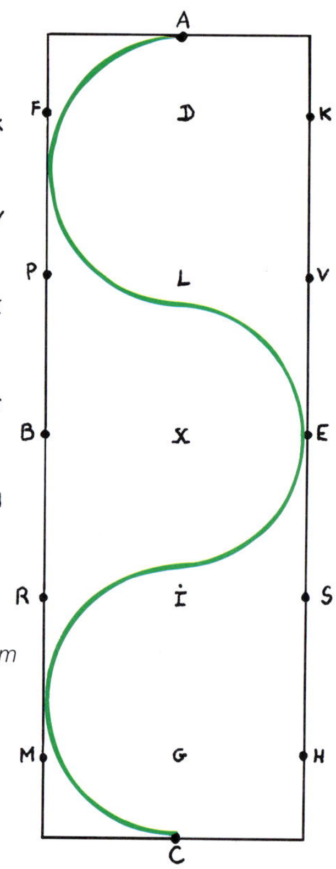

Serpentine trois boucles

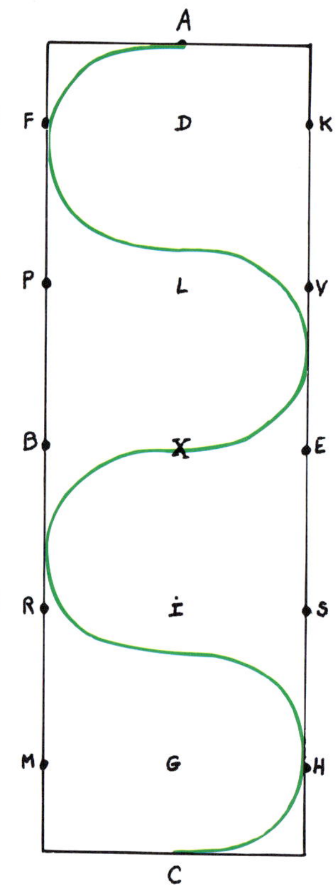

Serpentine quatre boucles

Manège ou carrière 60 m x 20 m

Passage des coins

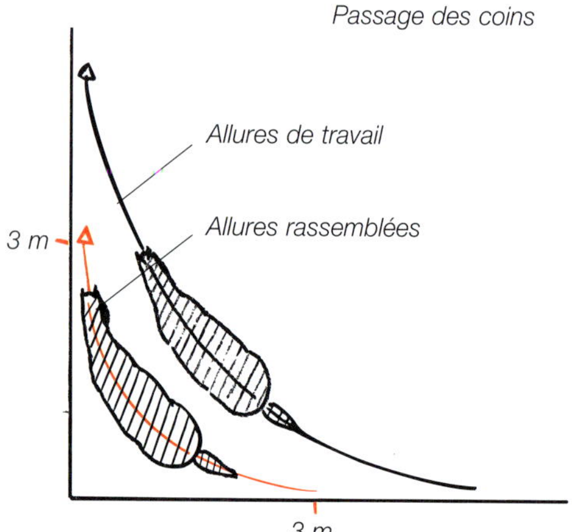

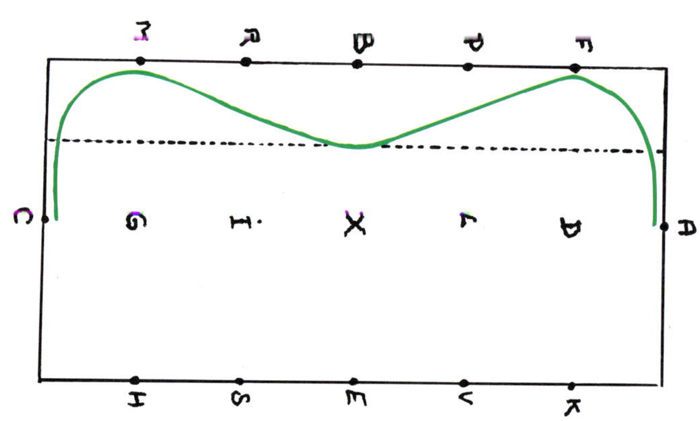

Contre changement de main sur la ligne du quart Manège ou carrière 40 m x 20 m

Quelles sont les aides à mettre en place pour demander une courbe ou un arc de cercle dans des conditions idéales ?

- regardez dans la direction où vous voulez aller en faisant une rotation du tronc qui emmène votre tête, vos épaules, vos bras et vos mains (le regard détermine l'angle du mouvement) ;
- décalez vos hanches ;
- canalisez votre monture dans vos aides en conservant la tension.

  Par exemple, dans une courbe à gauche :
  - la main gauche indique la direction ;
  - la main droite contrôle le mouvement et l'impulsion, limite le fléchissement de l'encolure, conserve les épaules sur le tracé ;
  - la jambe gauche au centre, incurve le rachis, entretient l'impulsion ;
  - la jambe droite maintient les hanches sur la courbe.

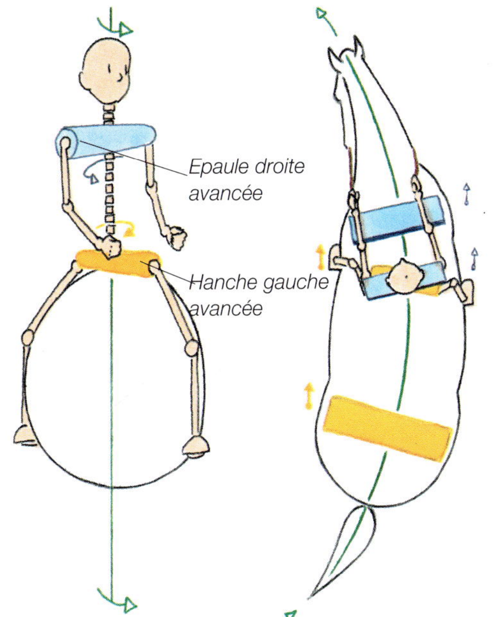

Parallélisme des orientations des ceintures scapulaires et pelviennes du cavalier et de sa monture, lors d'une incurvation

> ***Comment réagir ?***
>
> ***SI votre monture penche à l'intérieur en rétrécissant son cercle ou s'échappe à l'extérieur en dérapant, elle est déséquilibrée latéralement, ALORS quelle que soit la forme de déséquilibre, contrôlez en premier le côté extérieur, puis :***
> - ***si elle se « couche » vers l'intérieur du cercle, renforcez votre action de jambe intérieure ;***
> - ***si elle s'échappe à l'extérieur, renforcez vos aides extérieures (jambes et main).***
>
> ***SI elle déporte uniquement ses hanches à l'extérieur ALORS tenez les hanches et attirez les épaules vers l'extérieur pour les remettre devant les hanches. Un bon tracé dépend du maintien de l'impulsion.***

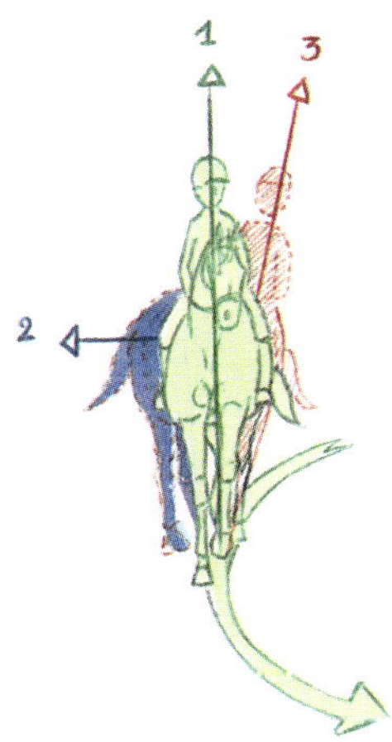

Vue de face

Incurvation et équilibre latéral sur le cercle :

1) cheval ou poney incurvé cavalier bien orienté

2) cheval ou poney bien orienté de devant, mais dont les hanches dérapent à l'extérieur de la courbe

3) cheval ou poney qui se couche sur la courbe : poids sur le latéral interne, cavalier penché

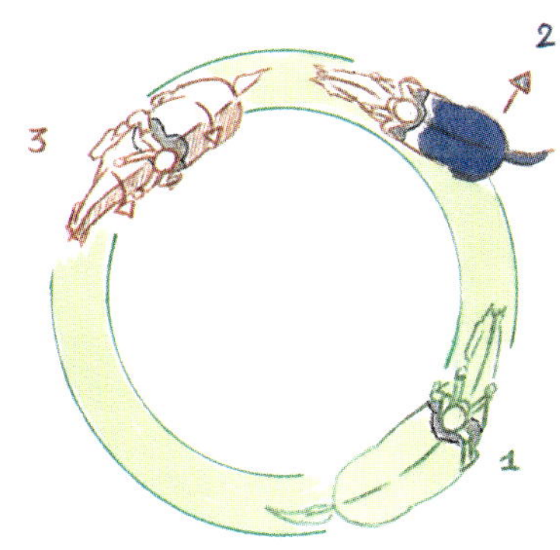

Vue du dessus

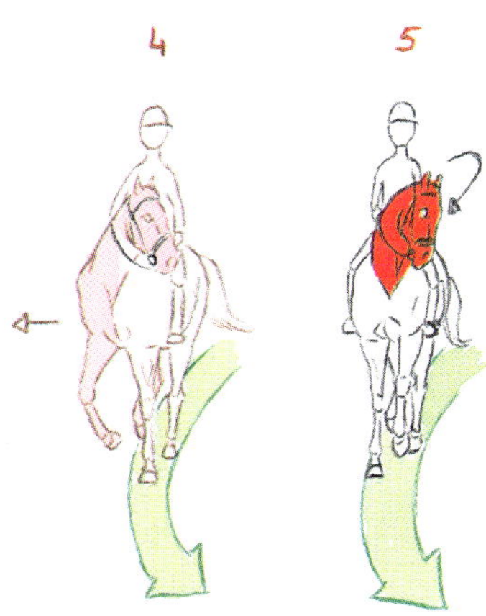

4) cheval ou poney fuyant dans ses épaules

5) cheval ou poney tordu dans son encolure.

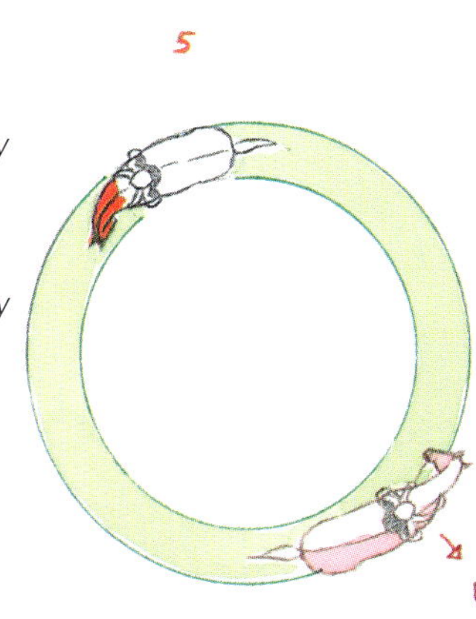

L'inversion de courbes

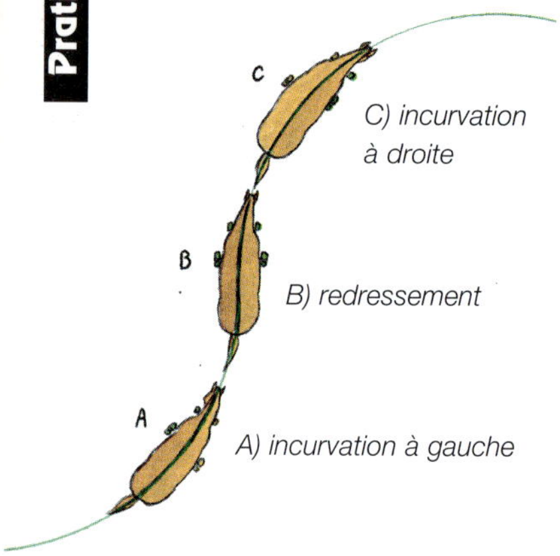

Changement d'incurvation au point de tangence des courbes

Le cheval ou le poney doit changer d'inflexion au point de tangence des deux courbes. Sur ce point de passage, il est rectiligne dans son rachis.

Le cavalier, maîtrisant les épaules et les hanches, redresse sa monture entre les deux courbes en conservant l'allure. Il doit modifier sa propre orientation.

Quelles sont les aides à mettre en place pour inverser des courbes ?

Par exemple, lorsque vous passez d'une courbe à gauche à une courbe à droite :

- ramenez votre jambe droite, qui contrôlait les hanches sur le cercle à gauche, près de la sangle, votre monture redresse son rachis ;
- vos épaules suivent le mouvement des épaules de votre monture ;
- sollicitez la nouvelle incurvation avec la jambe droite, contrôlez le tracé avec vos aides externes (jambe gauche et rêne gauche) en laissant votre monture entamer la nouvelle courbe à droite.

> ***Comment réagir ?***
>
> ***SI votre monture coupe en diagonale ALORS exigez quelques pas en ligne droite avant de repartir sur la courbe inverse.***
>
> ***SI les hanches dérapent ALORS renforcez votre jambe extérieure.***
>
> ***SI les épaules et les hanches dérapent, ALORS tenez les hanches puis remettez les épaules devant les hanches.***

Les lignes droites

Sur les lignes droites, les diagonales, les doublers ou les lignes brisées, votre monture doit conserver un rachis rectiligne.

Tête, encolure, épaules et hanches restent alignées.

Dans les changements de direction, dès que le mouvement est exécuté, la tête du cheval ou du poney reprend sa place initiale.

Le cavalier maîtrise le pli, les épaules et les hanches de sa monture. Il doit pouvoir tourner puis remettre sa monture droite.

Ce mouvement se rattache aux fondamentaux « avancer » et « tourner ».

Le fondamental dominant est : « tourner ».

Quelles sont les aides à mettre en place pour marcher droit après une courbe ?

Par exemple, lorsque vous passez d'une courbe à gauche à une ligne droite :

- ramenez votre jambe droite qui contrôlait les hanches sur la courbe à gauche, près de la sangle, votre monture redresse son rachis ;
- vos épaules suivent le mouvement des épaules de votre monture.

> ***Comment réagir ?***
>
> ***Vous rencontrerez des problèmes similaires à ceux cités dans : « L'inversion de courbes ».***

Les déplacements latéraux

Un cheval ou un poney travaille sur deux pistes quand il se déplace sur le côté, les membres antérieurs et les membres postérieurs suivant des pistes différentes. C'est ce que l'on appelle un déplacement latéral.

Il peut se déplacer de plusieurs façons, soit en restant droit dans son rachis, soit en étant incurvé.

La complexité d'un déplacement latéral dépend de l'orientation demandée au cheval ou au poney. Une progression s'installe dans ces différents exercices en fonction :

- du niveau du dressage exigé du cheval ou du poney ;
- de la qualité de l'accord et l'emploi des aides ;
- de la maîtrise de l'équilibre du cavalier.

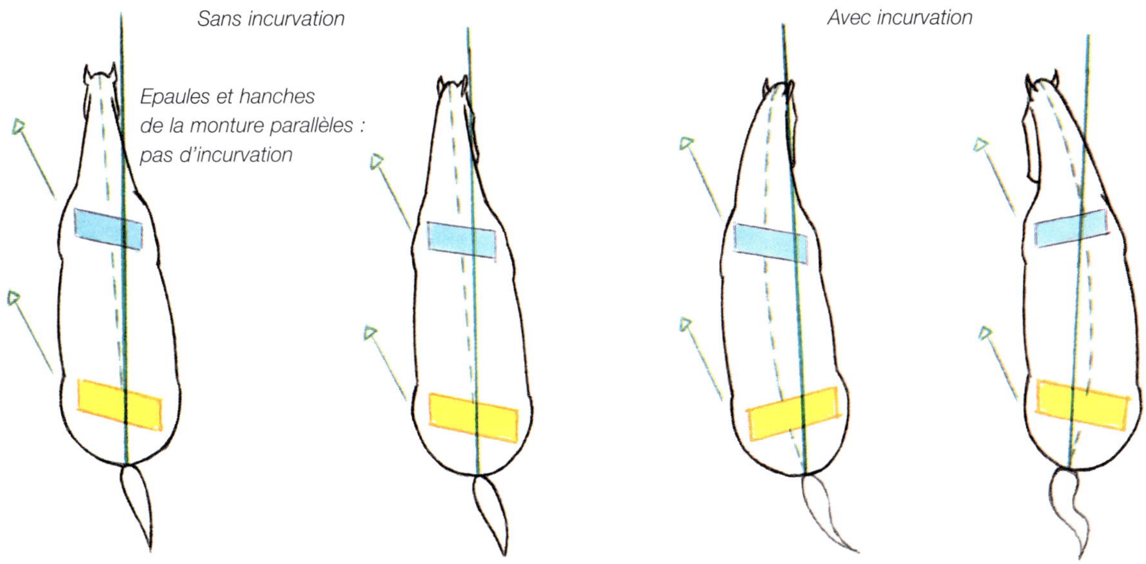

A) Pas de pli, rachis droit — *B) Pli externe, rachis droit* — *C) Pli externe, rachis contre-incurvé* — *D) Pli interne, rachis incurvé*

Le déplacement latéral au pas

Au pas, le cheval ou le poney dans son fléchissement naturel, se déplace sur le côté, les membres antérieurs et les membres postérieurs sur deux pistes différentes.

Le cavalier contrôle le mouvement pas à pas, en conservant l'activité et en veillant à ce que les épaules de sa monture précèdent légèrement les hanches.

Le fondamental dominant est « tourner ».

Les problèmes d'équilibre chez le cavalier sont pratiquement inexistants au pas.

Quelles sont les aides à mettre en place pour se déplacer latéralement au pas, dans des conditions idéales ?

Par exemple, sur un déplacement sur le côté vers la droite, à partir d'un doubler ou d'un grand cercle à main gauche :

- vérifiez que votre monture est tendue et dans l'impulsion ;

- agissez avec votre jambe gauche plus ou moins en arrière de la sangle (selon le niveau de dressage de votre cheval ou poney) pour le pousser vers la droite.

> ***Comment réagir ?***
>
> ***SI votre monture tord l'encolure ALORS redressez-la en agissant avec la rêne opposée et gardez vos jambes vigilantes.***
>
> ***SI votre monture croise exagérément les membres et perd de l'impulsion ALORS remettez-la en avant avec les jambes et cédez dans vos doigts.***
>
> ***SI votre monture marche sans ébaucher le mouvement de côté ALORS ralentissez puis renforcez vos aides notamment la jambe qui demande à la monture de se déplacer latéralement.***

Exemples de figures facilitant un déplacement latéral

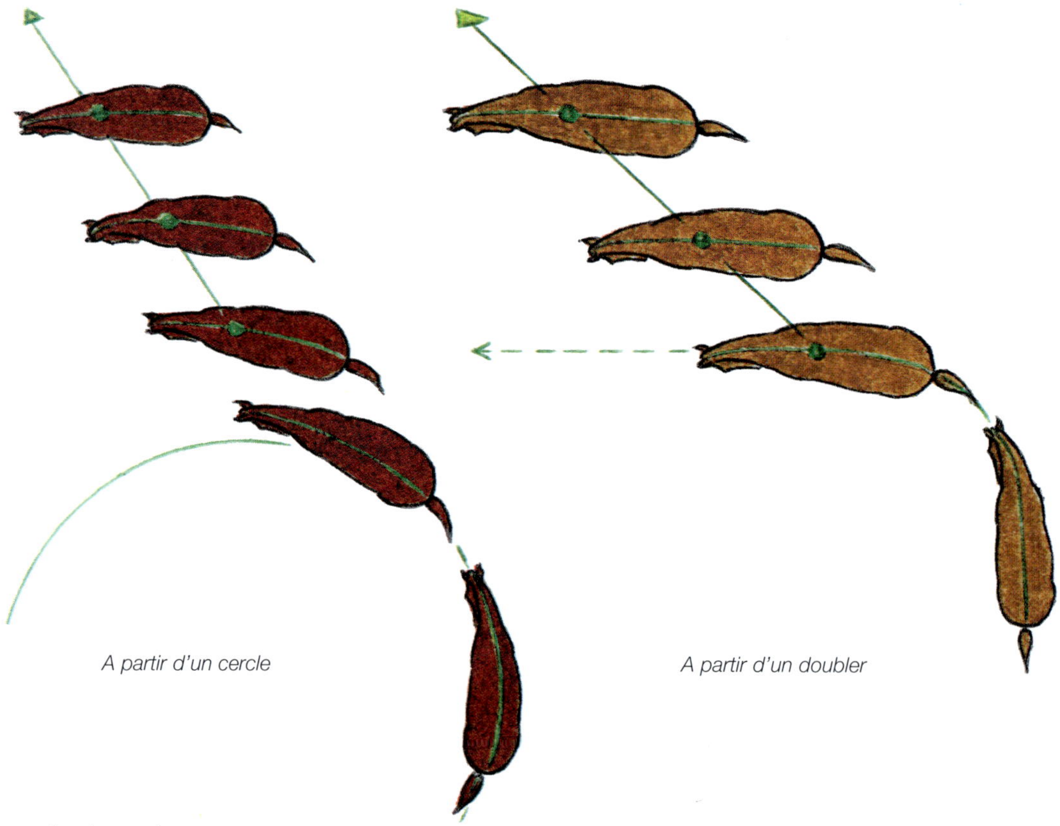

A partir d'un cercle — *A partir d'un doubler*

Maintenir la vitesse

Tout au long de la reprise, quelle que soit l'allure (pas, trot ou galop), maintenez une vitesse régulière et permanente. Pour cela conservez une tension constante en restant à l'écoute de votre cheval ou poney, étant prêt à intervenir par votre attitude, vos jambes et/ou vos mains, dès que vous ressentez une modification.

Certains mouvements prennent sur l'impulsion (par exemple, les courbes ou les déplacements latéraux), anticipez un éventuel ralentissement en gardant vos jambes au contact.

Il s'agit de l'expression élémentaire des actions du cavalier sur l'équilibre de sa monture.

Cette habileté se développera à partir d'une répétition des gestes liée à une pratique régulière.

Le dressage au Galop 6

***Au niveau du Galop 6,** comme pour le niveau précédent vous devez être capable de présenter un cheval ou un poney stable dans ses allures sur différents mouvements complémentaires à ceux du Galop 5.*

« S'équilibrer et équilibrer sa monture » se retrouvent dans tous les mouvements, quelle que soit la famille d'appartenance. Au Galop 6, dans ce fondamental, l'accent est mis surtout sur les transitions longitudinales (changements d'allures rapprochés et variations d'amplitudes dans une même allure) tant au niveau de l'équilibre du cavalier que de ses interventions sur l'équilibre de sa monture.

« Avancer » se retrouve dans la famille des transitions longitudinales lors des exercices suivants :
- les transitions d'allures rapprochées : d'une allure dans l'autre et dans une même allure ;
- le reculer.

« Tourner » se retrouve dans les exercices suivants :
- contrôler la rectitude au trot en ligne droite ;
- déplacer sa monture latéralement au trot.

Les transitions

Les transitions d'allures rapprochées

Les transitions peuvent être montantes (passage d'une allure inférieure à une allure supérieure) ou descendantes (passage d'une allure supérieure à une allure inférieure), d'une allure dans l'autre, ou bien dans une même allure (variations d'amplitude).

Une bonne transition est franche et sans brusquerie, la cadence de l'allure toujours maintenue jusqu'à la nouvelle allure.

La notion de « transition » par rapport à un simple « changement d'allure » fait appel à deux composantes supplémentaires :
- la cadence ;
- l'équilibre du cheval ou du poney.

Le fondamental dominant est : « s'équilibrer / équilibrer sa monture ».

Quelles sont les exigences au niveau de l'équilibre ?

La stabilité du cavalier : le rapprochement (dans le temps) des transitions peut entraîner une déstabilisation de l'équilibre du cavalier.

Le maintien de la cadence chez le cheval ou le poney : la préparation d'une transition ne doit occasionner aucune altération de l'allure, ni ralentissement (piétinement dans le poser des membres), ni accélération (précipitation dans le poser des membres), de même la nouvelle allure est obtenue dans sa propre cadence.

Par exemple, pour passer du pas au trot de travail : les foulées du pas sont régulières jusqu'à la dernière (sans accélération) ; votre monture prend le trot de travail ; les foulées du trot sont régulières dès les premières.

> *Comment réagir ?*
>
> ***SI** dans une transition descendante, votre monture « tombe » dans l'allure en pesant sur la main **ALORS** soutenez votre dos et rééquilibrez-la entre vos jambes et vos mains.*
>
> ***SI** dans une transition montante votre monture est peu réactive **ALORS** sollicitez-la dans vos jambes après l'avoir rééquilibrée.*

Quelles sont les aides à mettre en place pour demander une transition dans les conditions idéales ?

L'emploi des aides est le même que pour les changements d'allures. Dans la préparation du mouvement, rééquilibrez votre monture par des pressions discontinues des mollets (sans la laisser accélérer) en soutenant votre dos.

Variations d'amplitudes dans une même allure

Les variations demandées au trot sont trot de travail / trot moyen / trot de travail.

En conservant votre équilibre au trot enlevé, vous devez contrôler une transition montante : trot de travail / trot moyen et une transition descendante : trot moyen / trot de travail.

Quelles sont les exigences demandées au cavalier ?

- La disponibilité du haut du corps et la stabilité du bas du corps sur des articulations inférieures souples ;
- l'adaptation du rythme du trot enlevé en accord avec l'allure malgré les variations d'amplitudes ;
- le contrôle de l'impulsion dans les transitions.

Quelles sont les exigences demandées à la monture ?

Quelle que soit la variation, elle demande une modification de l'amplitude et de l'attitude du cheval ou du poney c'est-à-dire pour passer du trot de travail au trot moyen : augmenter l'amplitude des foulées et étendre légèrement sa ligne du dessus ; pour passer du trot moyen au trot de travail : diminuer l'amplitude des foulées et soutenir la base de l'encolure en conservant l'activité.

Ce mouvement se rattache aux fondamentaux : « s'équilibrer / équilibrer sa monture » et « avancer ».

Le fondamental dominant est « s'équilibrer / équilibrer sa monture ».

Quelles sont les aides à employer ?

Pour passer du trot de travail au trot moyen :
- vérifiez que votre monture est tendue ;
- agissez avec vos jambes par pressions des mollets ;
- cédez dans vos mains tout en gardant le contact pour permettre à l'encolure de s'étendre légèrement ;
- accompagnez l'allure en rythme.

Pour passer du trot moyen au trot de travail :
- fermez vos doigts sur les rênes ;
- redressez légèrement votre buste en conservant vos articulations inférieures souples ;
- accompagnez en rythme l'allure.

Comment réagir ?

SI votre monture précipite en répétant rapidement de petites foulées et modifie donc, sa cadence, ALORS rééquilibrez-la, et veillez à respecter dans le rythme de votre trot enlevé, la cadence de votre monture.

SI votre monture est inactive (elle « s'éteint »), ALORS sollicitez-la à nouveau dans vos jambes.

L'arrêt du trot

L'arrêt se demande à partir d'un trot franc et énergique sur un cheval ou un poney tendu.

Dans un arrêt parfait le cheval ou le poney doit rester sur la main, d'aplomb, son poids également réparti entre les antérieurs et les postérieurs, les membres parallèles entre eux :

- de face (les antérieurs masquent les postérieurs) ;
- de profil (un latéral cache l'autre).

L'arrêt est alors dit « carré ».

Quelles exigences demande ce mouvement ?

Le cavalier doit contrôler l'équilibre de sa monture dans la transition trot / arrêt, la canaliser dans le couloir de ses aides pour qu'elle reste droite (dans son rachis) et conserver l'impulsion.

Le cheval ou le poney doit conserver son équilibre dans la transition, ne pas ralentir ni prendre le pas avant l'arrêt.

Très bon arrêt

> ***Comment réagir ?***
>
> ***SI votre monture s'arrête en pesant sur la main et en « tirant » sur les rênes, ALORS avant de redemander un arrêt, rééquilibrez-la avec vos jambes en soutenant votre dos.***
>
> ***SI votre monture s'arrête en se traversant, ALORS contrôlez les hanches en agissant avec une jambe du côté où les hanches dérapent et maintenez les épaules devant les hanches.***
>
> ***SI votre monture ne reste pas immobile ALORS vérifiez que vous ne résistez pas dans vos doigts alors qu'elle est déjà arrêtée.***
>
> ***SI votre monture ne repart pas franchement après l'arrêt ALORS sollicitez le mouvement en avant en renforçant l'action de vos jambes.***

Arrêt « traversé »
Hanches de la monture à droite

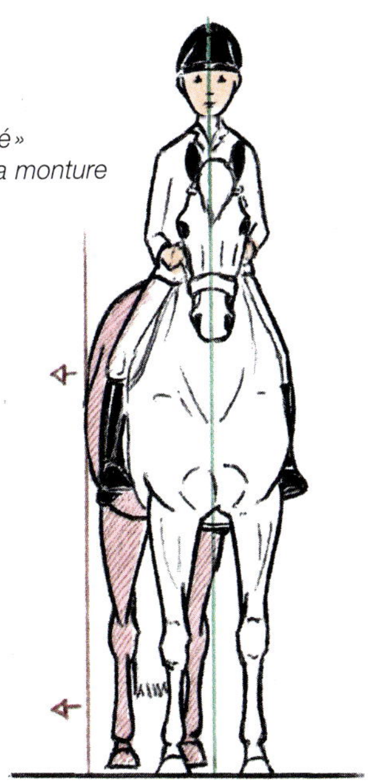

Le fondamental dominant est « avancer ».

Quelles sont les aides à employer pour demander un arrêt du trot dans des conditions idéales ?

Vous devez :

- soutenir votre dos ;
- céder avec vos jambes, après avoir « appelé les postérieurs » au moment où vous agissez en fermant les doigts sur les rênes ;
- l'arrêt obtenu, cédez dans vos mains en conservant le contact.

Votre monture doit être prête à repartir de façon franche et énergique dès la moindre sollicitation.

Le reculer

Le reculer est une allure rétrograde marchée par bipèdes diagonaux à deux temps égaux.

Attitude stable d'un cavalier obtenant un reculer harmonieux

Quelles exigences demande ce mouvement ?

Le cavalier doit contrôler l'équilibre de sa monture dans le reculer, la canaliser dans le couloir de ses aides pour qu'elle reste droite (dans son rachis) et conserver l'impulsion.

Le cheval ou le poney doit conserver son équilibre et reculer régulièrement.

Le fondamental dominant est « avancer ».

Quelles sont les aides à employer dans des conditions idéales?

Préparez le mouvement en arrêtant votre monture droite et d'aplomb.

Déclenchez le mouvement en agissant avec vos deux jambes et en fermant vos doigts sur les rênes pour interdire le mouvement en avant (le cheval ou le poney « rebondit » sur la main fermée).

Dès que le reculer est entamé, cédez avec vos jambes.

Votre monture doit reprendre le mouvement en avant sans hésitation lorsque vos mains cèdent et que vos jambes reviennent à leur place.

Un reculer est, en général, de trois à cinq pas.

Attention ne demandez pas de reculer après un arrêt prolongé.

Comment réagir ?

SI votre monture recule en traînant les pieds et en s'acculant (en déséquilibre et sans impulsion), ALORS redemandez le mouvement en gardant vos jambes vigilantes.

SI votre monture se traverse, ALORS contrôlez les hanches en agissant avec une jambe du côté où les hanches dérapent.

SI votre monture recule trop vite, ALORS diminuez l'intensité de vos aides.

Maintenir une cadence régulière au galop

Le cheval ou le poney doit conserver la cadence, qui se traduit par la régularité du poser d'un même membre.

Quelles exigences demande ce mouvement ?

Le cavalier doit entretenir l'allure en contrôlant l'impulsion et en la canalisant longitudinalement entre les jambes et les mains et sans accélération ni ralentissement.

Le cheval ou le poney doit conserver son équilibre.

Le fondamental dominant est « avancer ».

Quelles sont les aides à employer dans des conditions idéales ?

- gardez vos jambes vigilantes ;
- accompagnez l'allure en rythme avec votre bassin ;
- restez, avec vos bras et vos mains, en phase avec le mouvement de bascule du galop sans augmenter ou diminuer le contact ;
- écoutez intérieurement la répétition des foulées afin d'en percevoir la régularité ou les moindres variations de cadence.

Comment réagir ?

SI votre monture précipite en répétant rapidement de petites foulées, ALORS rééquilibrez-la entre vos jambes et vos mains.

SI votre monture tombe dans le trot, ALORS redemandez le galop, gardez vos jambes au contact dès les premières foulées et accompagnez l'allure avec le bassin.

Exemple de cadences du galop à gauche

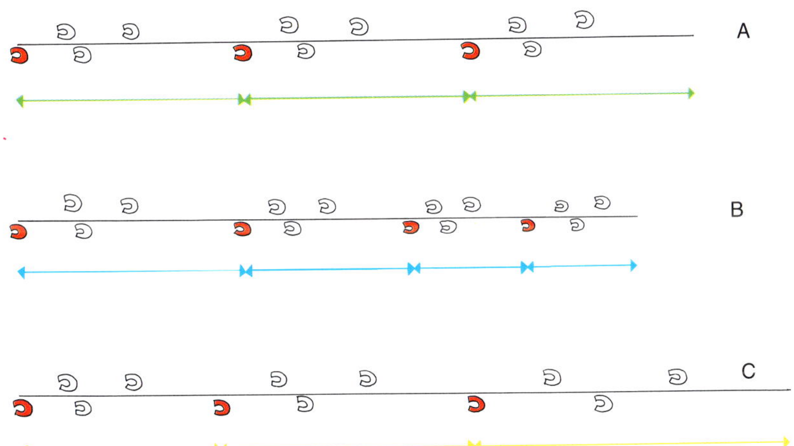

A : cadence régulière (amplitude constante)

B : cadence irrégulière accélérée (perte d'amplitude)

C : cadence irrégulière ralentie (augmentation d'amplitude)

Le déplacement latéral au trot

Au trot, le cheval ou le poney dans son fléchissement naturel, se déplace sur le côté, les membres antérieurs et les membres postérieurs sur deux pistes différentes.

Le cavalier contrôle le mouvement pas à pas, en conservant l'activité et en veillant à ce que les épaules de sa monture précèdent légèrement les hanches.

Il doit contrôler ses éventuels problèmes de stabilité dus à l'allure et le mouvement de côté.

Le fondamental dominant est « tourner ».

Quelles sont les aides à mettre en place pour se déplacer latéralement au trot, dans des conditions idéales ?

Ce sont les mêmes que pour le déplacement latéral au pas.

Engagement et croisement du postérieur droit en avant du postérieur gauche Peu ou pas de pli

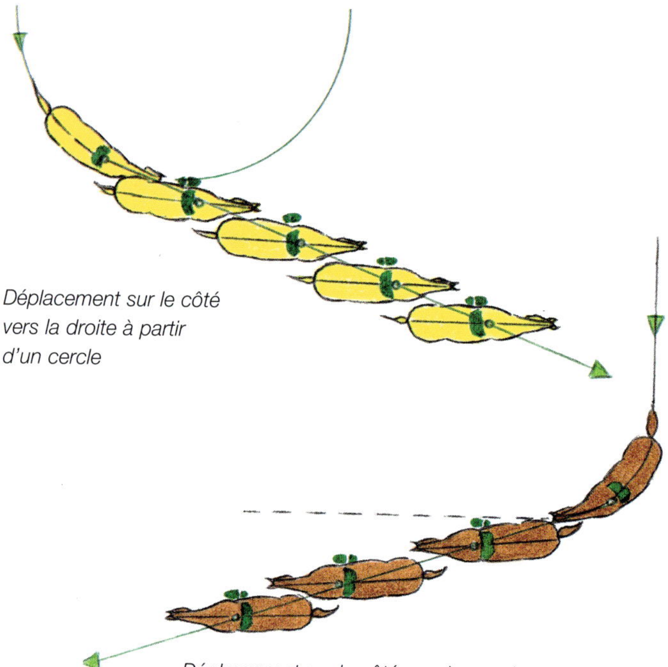

Déplacement sur le côté vers la droite à partir d'un cercle

Déplacement sur le côté vers la gauche à partir d'un doubler

Par exemple, pour un déplacement sur le côté vers la droite à partir d'un doubler ou d'un grand cercle à main gauche :

- vérifiez que votre monture est tendue et dans l'impulsion ;
- agissez avec votre jambe gauche plus ou moins en arrière de la sangle selon le niveau de dressage de votre cheval ou votre poney pour le pousser vers la droite.

Comment réagir ?

Les situations rencontrées sont les mêmes qu'au pas mais le trot étant une allure plus vive, la vitesse de réaction du cavalier pour s'adapter aux événements est plus brève.

Contrôler la rectitude de sa monture au trot en ligne droite

Un cheval ou un poney est « droit » lorsque, en conservant son rachis rectiligne, les traces de ses postérieurs suivent exactement celles laissées par ses antérieurs (les empreintes des postérieurs s'inscrivent sur les lignes des empreintes des antérieurs).

Une marche franche dans une direction déterminée constitue la base de la rectitude.

Quelles exigences demande ce mouvement ?

Le cavalier doit contrôler le mouvement en avant et canaliser sa monture dans le couloir de ses aides.

Le cheval ou le poney doit conserver son équilibre latéral et longitudinal.

Le fondamental dominant oct « tourncr ».

Quelles sont les aides à employer pour contrôler la rectitude dans des conditions idéales ?

- Asseyez-vous d'aplomb dans votre selle et restez symétrique dans les actions de vos mains et de vos jambes.

Comment réagir ?

SI votre monture est flottante, ALORS tendez-la en obtenant un contact plus ferme par l'action de vos jambes et vos mains, sans toutefois la laisser s'alourdir ni se déséquilibrer.

SI votre monture décale ses hanches par rapport à la direction suivie par les épaules, ALORS contrôlez d'abord les hanches puis remettez toujours les épaules devant les hanches (et non l'inverse) en entretenant l'impulsion et en renforçant la tension.

Le dressage au Galop 7

Au niveau du Galop 7, *vous devez disposer d'un niveau de pratique vous permettant de présenter votre monture sur une reprise de dressage dans un équilibre et une attitude adaptés aux mouvements demandés.*

Nous retrouvons les mouvements simples vus dans les « Galops » précédents complexifiés par le contrôle de l'équilibre du cheval ou du poney et des mouvements nouveaux qui se rattachent tous aux trois fondamentaux.

S'équilibrer / équilibrer sa monture

Le cavalier au Galop 7 doit maîtriser l'équilibre de l'ensemble du couple « cavalier / monture », par la stabilité de son propre équilibre et l'emploi de ses aides.

Cet équilibre général se compose de deux éléments :

- l'équilibre longitudinal ;
- l'équilibre latéral.

L'équilibre longitudinal

Il est défini par la répartition de poids entre l'avant-main et l'arrière-main.

L'équilibre latéral

Il est défini par la répartition de poids entre le latéral droit et le latéral gauche du cheval ou du poney et la place du centre de gravité.

L'équilibre

Un cheval ou un poney est en équilibre quand cette répartition (par rapport à l'équilibre longitudinal et l'équilibre latéral) est optimale pour l'utilisation envisagée.

Cette notion de maîtrise de l'équilibre transparaît dans tous les mouvements que vous effectuez.

Elle se traduit par la précision du tracé dans l'enchaînement des exercices et la fluidité de leur exécution.

Les transitions

Ellles se rattachent aux fondamentaux « s'équilibrer / équilibrer sa monture » et « avancer ».

Le fondamental dominant est : s'équilibrer / équilibrer sa monture.

Varier l'amplitude des allures

Dans les allures moyennes, le cheval ou le poney s'étend, son angle tête / encolure s'ouvre légèrement, l'amplitude des foulées augmente par l'engagement des postérieurs : il couvre plus de terrain en une foulée tout en conservant la cadence de l'allure.

Pour revenir dans une allure de travail, il remonte la base de son encolure et diminue l'amplitude de ses foulées en conservant l'activité et la cadence de l'allure.

Pour faire varier les amplitudes du trot, le processus est le même qu'au Galop 6 mais l'attitude du cavalier diffère, l'exercice étant demandé au trot enlevé au Galop 6 et en équilibre assis au Galop 7.

Stabilisez votre équilibre en recherchant le « fond de la selle » sans incliner le buste en avant ou en arrière de vos hanches, les talons sous les fesses.

Faire varier l'amplitude du galop

Quelles exigences demande ce mouvement ?

Le cavalier doit contrôler une transition montante (galop de travail / galop moyen) et une transition descendante (galop moyen / galop de travail) en gardant l'allure et la cadence ; il doit conserver le pied sur lequel le cheval ou le poney galope en le maintenant le plus droit possible, en maîtrisant les hanches et les épaules de sa monture.

Le cheval ou le poney doit conserver son équilibre.

Quelles sont les aides à employer ?

Dans la transition montante :

- soutenez votre dos ;
- conservez des aides en place ;
- gardez vos jambes au contact.

Dans la transition descendante :

- soutenez votre dos ;
- conservez vos aides en place ;
- fermez vos doigts sur les rênes en conservant des jambes vigilantes.

> ***Comment réagir ?***
>
> ***SI votre monture se désunit ou change de pied dans la transition, ALORS renforcez vos aides du côté extérieur au galop.***
>
> ***SI votre monture charge au galop moyen, ALORS ralentissez et rééquilibrez-la en soutenant votre dos avant de demander une nouvelle transition.***

Le galop à faux / Le contre-galop

Le fondamental dominant est « tourner ».

Vous devez enchaîner des courbes larges et inverses, au galop en conservant le même pied (galop à faux / contre-galop).

Au galop à faux sur la ligne droite (dans un manège ou une carrière), il galope sur le pied extérieur (côté lice) ; sur la courbe, il galope sur le pied extérieur à la courbe (opposé au sens de la courbe).

Le galop à faux est également appelé contre-galop.

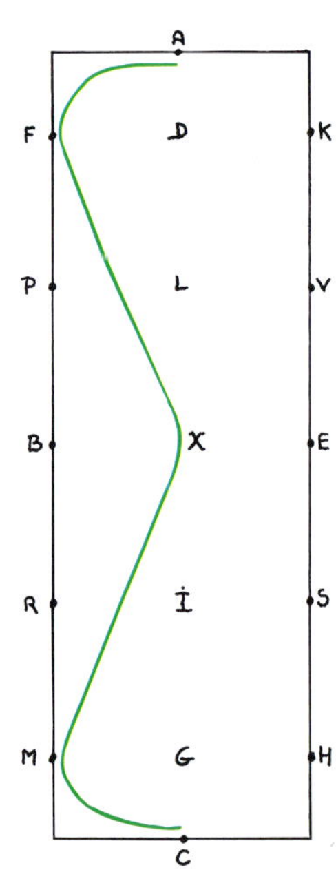

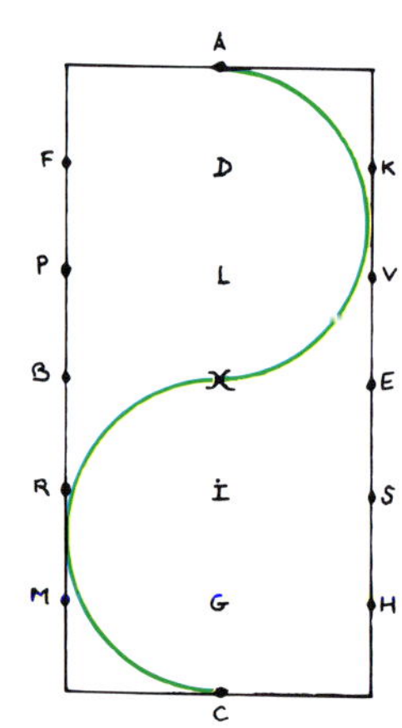

Serpentine deux boucles
Manège ou carrière 40 m x 20 m

Contre-changement de main : sur la ligne du milieu.
Manège ou carrière 60 m x 20 m

Quelles exigences demande ce mouvement ?

Le cavalier doit être stable pour contrôler les épaules et les hanches de sa monture en décalant ses aides.

Le cheval doit conserver l'équilibre longitudinal et latéral. La cadence et la vitesse du galop ne doivent pas se modifier, ni par une accélération, ni par un ralentissement, ni par une altération de son attitude.

Quelles sont les aides à employer ?

Pour évoluer au contre-galop, conservez vos orientations, fonctionnement et emploi des aides du pied sur lequel vous galopez.

Sur la courbe, conservez l'équilibre latéral de votre monture en renforçant l'action de la jambe intérieure (du côté du pli).

Cheval ou poney au galop à droite sur une courbe à gauche (contre-galop)

Comment réagir ?

***SI** votre monture tombe dans le trot, **ALORS**, repassez au pas, rééquilibrez-la et redemandez, du pas, un départ au galop sur le pied choisi.*

***SI** votre monture change de pied, **ALORS** repassez au pas et redemandez le galop en renforçant vos aides ; veillez à rester stable et d'aplomb dans votre selle (un report de poids brusque peut inciter votre monture à changer de pied) en conservant votre orientation initiale.*

***SI** votre monture se désunit **ALORS** renforcez vos aides et veillez à rester stable et d'aplomb dans votre selle (un report de poids brusque peut inciter votre monture à changer de pied) en conservant votre orientation initiale.*

***SI** votre monture accélère ou fuit dans ses hanches sur la courbe, **ALORS** rééquilibrez-la.*

Cheval ou poney au galop à droite sur une courbe à droite (galop juste)

Le travail de deux pistes

Le fondamental dominant est tourner.

Rappel : le travail de deux pistes regroupe tous les mouvements où votre monture se déplace sur le côté, les antérieurs et les postérieurs suivant des pistes différentes (voir G. 5).

La cession à la jambe

Le cheval ou le poney en conservant son rachis rectiligne, se déplace sur le côté, les membres se chevauchant.

Si un cheval ou un poney se déplace latéralement vers la droite, les membres du côté gauche passent devant ceux du côté droit.

Ce mouvement s'appelle une cession à la jambe gauche (votre monture cède à l'action de la jambe gauche en se déplaçant latéralement vers la droite).

Dans le cas où la cession à la jambe se fait sur une oblique, le cheval ou le poney doit rester aussi parallèle que possible aux grands côtés de la carrière (l'angle par rapport au sens de la marche ne dépassant pas 30 degrés).

Quelles exigences demande ce mouvement ?

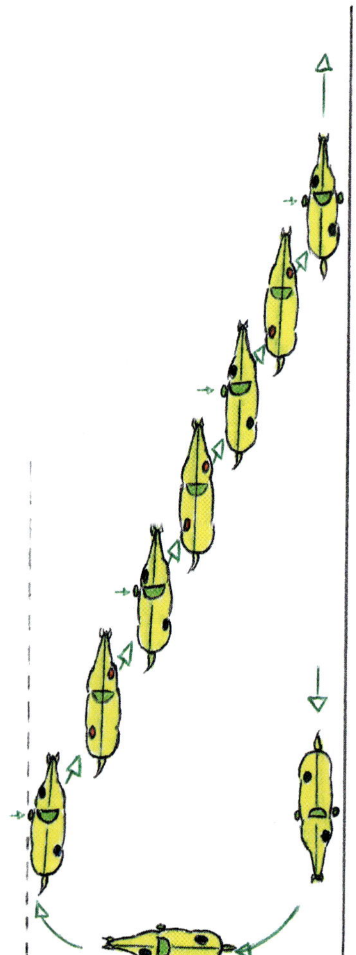

Le cavalier doit mobiliser les épaules et les hanches de sa monture sur des pistes différentes en conservant le mouvement en avant.

Le cheval ou le poney doit conserver son équilibre latéral et longitudinal c'est-à-dire rester sur des pistes différentes avec ses antérieurs et ses postérieurs dans un mouvement régulier en gardant la même cadence.

Ce mouvement se rattache aux fondamentaux « tourner » et « s'équilibrer / équilibrer sa monture ».

Le fondamental dominant est tourner.

Quelles sont les aides à employer dans des conditions idéales ?

- Vérifiez que votre monture est tendue, sur la main et dans l'impulsion ;
- provoquez le mouvement latéral avec un recul de votre hanche gauche et une action de jambe gauche plus ou moins reculée selon le degré de dressage de votre monture ;
- maintenez la cadence de l'allure tout au long du mouvement ;
- conservez la rectitude, la vitesse et l'équilibre de votre monture ;
- restez d'aplomb.

Comment réagir ?

SI votre monture croise essentiellement c'est au détriment de l'engagement, ALORS remettez-la en avant par l'action de vos jambes.

SI votre monture avance sans croiser, il n'y a pas de travail de hanches, ALORS ralentissez-la et renforcez l'action de vos aides.

Cession à la jambe gauche au trot
Action de la jambe gauche lors du soutien du diagonal droit

Déplacer votre monture du côté convexe* au pas et au trot

Le cheval ou le poney conserve son incurvation et la cadence de l'allure tout en se déplaçant sur le côté, les épaules précédant les hanches et élargit son cercle.

Quelles exigences demande ce mouvement ?

Le cavalier doit coordonner ses aides pour contrôler l'incurvation, la déplacer dans l'espace et conserver le mouvement en avant.

Le cheval ou le poney doit incurver son rachis et se déplacer sur le côté en conservant cette incurvation, les antérieurs et les postérieurs sur des pistes différentes.

Quelles sont les aides à employer dans des conditions idéales ?

Incurvez votre monture en effectuant un cercle de 6 à 10 mètres (au trot) puis agrandissez le cercle :

- par l'action de la jambe intérieure ;
- contrôlez les épaules avec la rêne extérieure ;
- maintenez l'impulsion tout au long du déplacement ;
- terminez le mouvement sur une volte plus grande en adaptant l'incurvation au nouveau diamètre.

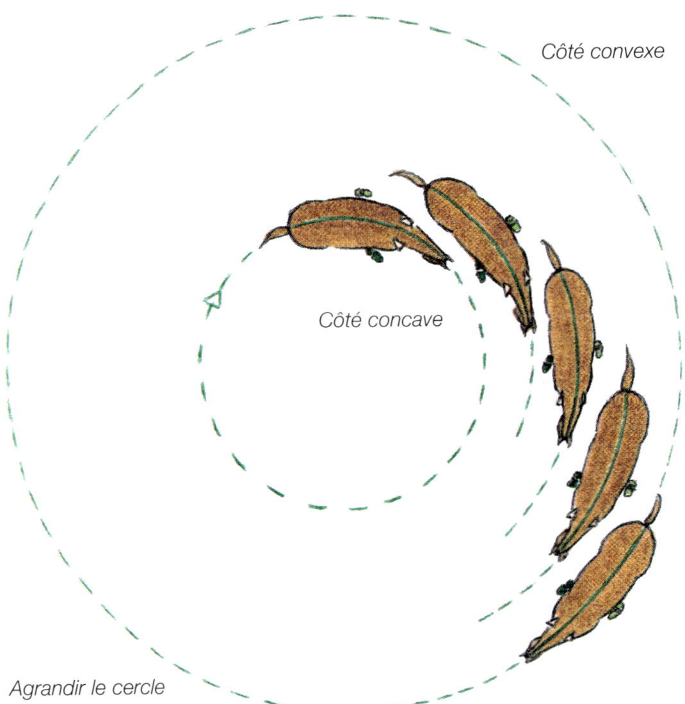

Comment réagir ?

***SI** votre monture perd son incurvation, **ALORS** renforcez vos aides ou, au besoin, tracez une nouvelle volte puis redemandez le mouvement.*

***SI** votre monture accélère sa cadence, **ALORS** ralentissez en soutenant votre dos.*

***SI** votre monture ne cède pas à l'action de votre jambe, **ALORS** renforcez l'intensité de cette aide.*

Tous les mouvements et exercices abordés aux Galops 5, 6 et 7 font partie d'une progression qui vous amènera à une plus grande maîtrise de votre monture et à un meilleur accord des aides.

* Convexe : courbé, bombé vers l'extérieur.

La monte en amazone

Pour la monte en amazone, *le cavalier dispose à droite de la cravache qui remplace sa jambe droite dans toutes ses actions (impulsion et position).*

L'amazone tiendra à conserver son équilibre et à obtenir la stabilité de sa jambe gauche (placée plus haute qu'un cavalier à califourchon) et de la cravache à droite.

La position de l'amazone imposée par la selle rend l'utilisation de la jambe gauche plus délicate, celle-ci placée plus haut, a son champ d'action plus réduit.

La cuisse droite reste parallèle au flanc du cheval ou du poney par un contact avec la fourche supérieure, le pied étant toujours tendu, pointé vers le bas, le plus en arrière possible.

Les mains de l'amazone sont placées plus haut et plus écartées pour permettre à droite le contact de la cravache et ne pas être gênées par les fourches à gauche.

L'amazone sera plus vigilante avec sa main droite qui tient la ou les rênes ainsi que la cravache.

Particularité au trot enlevé :

le trot enlevé en amazone étant plus difficile à exécuter, celui-ci se fera à une allure plus soutenue.

L'amazone ne devant pas prendre appui sur l'étrier, c'est en utilisant l'appui de la fourche supérieure qu'elle trouvera un équilibre juste.

Rôles, emplois et effets de la cravache d'amazone

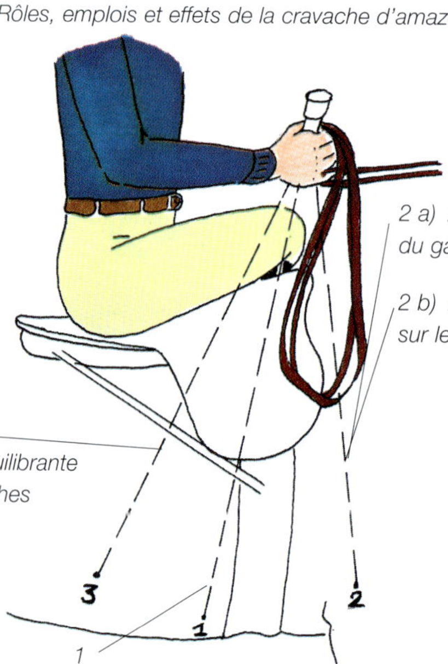

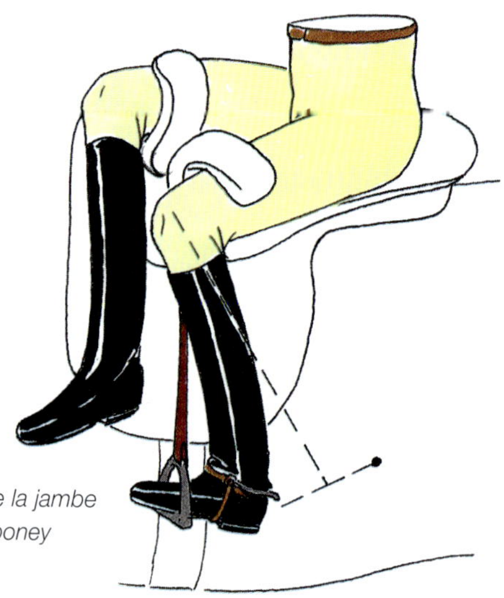

De l'orientation dans les fourches découle une action haute de la jambe gauche qui contrôle ou sollicite les hanches du cheval ou du poney

Position, emplois et effets de l'éperon de la jambe gauche

Le dressage en compétition

En compétition, *le cavalier et sa monture évoluent dans une carrière aux dimensions réglementées, balisée par des lettres.*

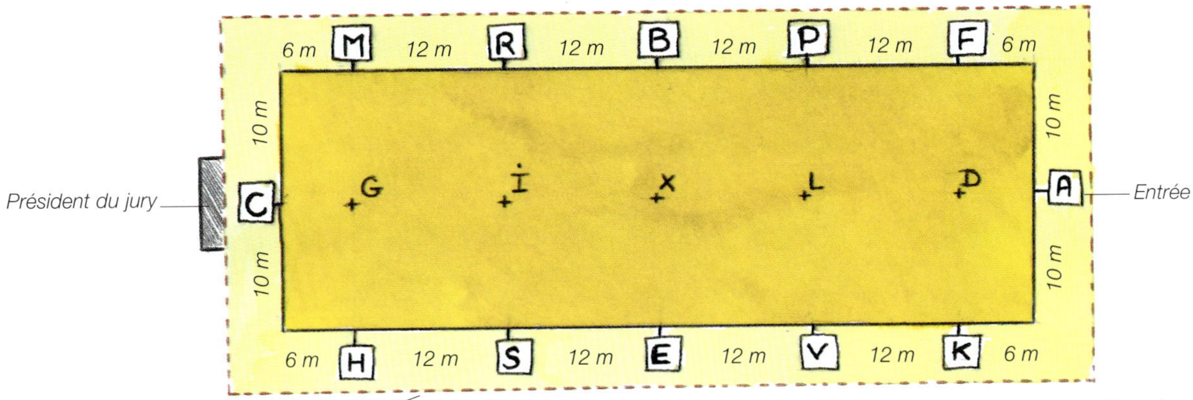

Carrière (en sable) de 60 m de longueur sur 20 m de largeur

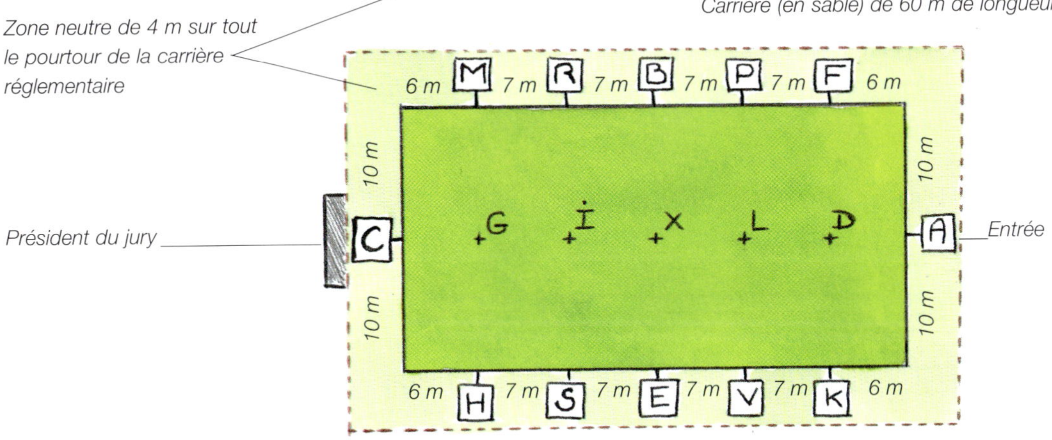

Carrière (en gazon) de 40 m de longueur sur 20 m de largeur

La discipline sportive

Cette discipline repose à la fois sur :

- une formation spécifique du cheval ou du poney dont les différentes étapes vont de l'utilisation simple de l'équilibre naturel jusqu'à la forme élaborée du rassembler qui donne une parfaite disponibilité de la masse du cheval ou du poney. Ainsi au cours de cette évolution, son attitude générale et son équilibre se modifient par l'orientation de l'arrière-main, du dos et de l'avant-main ;
- une formation spécifique du cavalier (position, fonctionnement et emploi des aides) ;
- des épreuves de présentation appelées reprises de dressage (moyens d'évaluation comportant une série de mouvements et d'attitudes choisis et organisés par un texte qui permettent d'apprécier le niveau et la qualité du couple cavalier / monture).

Le protocole de dressage

Un mouvement décrit la forme particulière d'un déplacement ou d'un exercice demandé à un cheval ou un poney.

Une figure est un tracé, un mouvement ou un ensemble de mouvements dont la description est précisée dans tous ses détails par un règlement ou consacré par l'usage.

Une figure est affectée d'une seule note (0 à 10) et d'un coefficient (1 ou 2).

Les juges apposent leurs notes sur un protocole de dressage qui indique :

- les conditions dans lesquelles la reprise doit être présentée (dimension de la carrière, harnachement, équipement du cavalier...) ;
- la liste des mouvements à exécuter (regroupés en figures) ;
- les idées directrices (critères de notation des figures) ;
- les coefficients attribués à chaque figure.

A la fin du protocole se trouvent les notes d'ensemble en rapport avec la précision du tracé des mouvements, la position, l'assiette, l'emploi des aides du cavalier (niveau 5e catégorie).

A partir de la 4e catégorie, les allures (franchise, régularité, désir de se porter en avant), l'impulsion (activité des hanches), la soumission (attention, confiance, obéissance à la main et aux jambes) sont aussi notées ainsi que la musique et la chorégraphie dans certains types de reprises.

Les reprises

« Présenter une reprise de dressage » consiste à enchaîner des mouvements et des figures.

Il existe plusieurs types de reprises :

- dans les reprises de dressage à texte imposé, les mouvements et les figures doivent être exécutés à un endroit précis, dans un ordre déterminé par le texte ;
- dans les reprises libres en musique (R.L.M.), vous présentez en musique des mouvements et figures imposés enchaînés, dans un ordre que vous avez choisi. Ces reprises sont jugées sur des critères techniques, chorégraphiques et musicaux ;
- dans les reprises par équipes ou carrousels, vous présentez à plusieurs une reprise pouvant être libre ou imposée avec ou sans musique.

Le respect du texte de la reprise est déterminant.

C'est, en général, au moment où votre buste arrive à la hauteur du point fixé qu'un mouvement doit être entamé ou achevé.

La détente

Pour les épreuves de dressage, l'ordre et l'horaire de passage de chaque concurrent sont affichés à l'avance. Une détente « classique » dure en moyenne 20 à 30 minutes mais ce n'est qu'une indication de temps, une détente doit être adaptée au caractère et au tempérament de votre monture (chevaux et poneys sont plus ou moins émotifs, « chauds » ou au contraire lymphatiques).

Trop longue, elle risque de fatiguer votre cheval ou votre poney ; trop courte, elle peut entraîner une précipitation et/ou un manque d'échauffement.

Elle se déroule sur le terrain d'entraînement (ou paddock) et a pour but de préparer (moralement et physiquement) un couple (cavalier / cheval ou poney) à l'enchaînement d'une reprise. Elle comporte un échauffement musculaire progressif avec :

- des assouplissements latéraux sur les courbes et les déplacements latéraux ;
- des assouplissements longitudinaux sur des transitions montantes et descendantes ;
- des exercices visant à vérifier les réponses aux aides, l'impulsion (mise en avant, mise aux ordres) et l'équilibre latéral et longitudinal.

Ces différentes phases sont à aborder progressivement, dans le calme et la décontraction.

Attention : la détente n'est pas seulement une répétition des mouvements de la reprise, elle doit être progressive et préparer aux mouvements abordés dans la reprise. Il ne faut pas se contenter d'enchaîner systématiquement les figures dans l'ordre du texte, votre monture pouvant anticiper vos demandes lors de la présentation.

Vous devez suivre le règlement en vigueur de la Fédération Française d'Equitation, toutes les règles de sécurité et les règles de courtoisie :

- le respect des priorités ;
- le port obligatoire de la bombe ;
- le respect du commissaire au paddock ;
- le respect des autres concurrents.

Profitez du temps d'attente précédent votre entrée sur la piste pour vous remémorer l'enchaînement de la reprise en vous concentrant.

Equiper sa monture pour une épreuve de dressage

Même si la présentation de la monture ne fait l'objet d'aucune note précise, elle intervient dans l'impression générale. Vous devez donc toiletter votre monture.

En fonction des sols des carrières de dressage, vous pouvez cramponner le cheval ou le poney que vous présentez.

Aucune protection sur les membres n'est autorisée en épreuve de dressage : vous devez respecter le règlement officiel de dressage. Rappel : le port de la cravache (sauf pour les amazones) est interdit.

Soigner sa monture après une épreuve de dressage

Les soins après cette épreuve vont dépendre de l'intensité de l'effort. En dehors des soins habituels prodigués au cheval ou au poney, n'oubliez pas d'entretenir son moral en le récompensant de la voix et par des friandises.

Présenter une reprise de dressage demande soumission et concentration à votre monture. Prévoyez donc une période de détente dès la fin des épreuves.

Lors des soins n'oubliez pas de dénatter la crinière et la queue si elles l'étaient, et d'enlever les crampons.

Vous pouvez masser les articulations et le dos et poser des bandes de repos, si nécessaire.

PHOTO PSV JEAN MOREL

Saut d'un obstacle de C.S.O.

Le saut d'obstacles

Enchaîner un parcours consiste à sauter des obstacles selon un tracé précis.
Pour cela vous devez à la fois contrôler votre attitude, votre vitesse et votre direction. Nous retrouvons les trois fondamentaux de l'équitation, « s'équilibrer » « avancer » et « tourner ».

Généralités

Au fur à mesure de votre progression vous devez, en plus du contrôle de votre propre équilibre, contrôler celui de votre monture afin d'être performant sur les trajectoires de saut.

La difficulté d'un parcours de saut d'obstacles dépend non seulement de la hauteur des obstacles mais aussi de leur disposition, de leur conformation (massifs, très colorés, ...), de la nature de la piste (sable ou herbe), de la déclivité du terrain (plat ou en pente), de la vitesse à laquelle les obstacles doivent être sautés et, dans certains types d'épreuves, du nombre de foulées à respecter (contrat de foulées).

A chaque niveau de « Galop » correspondent des parcours de difficultés croissantes et adaptées aux divers contenus techniques que vous devez aborder.

L'équilibre du cavalier

L'équilibre recherché doit vous permettre de lier vos mouvements à ceux de votre cheval ou de votre poney et d'intervenir avec vos aides en fonction des situations, sans le gêner.

Début de la battue des antérieurs
Equilibre horizontal
Extension/ouverture du balancier
Etirement des bras de la cavalière
Cavalière en équilibre (fesses en contact avec la selle, près du pommeau)
Maintient de la vitesse utile

Equilibre vers les hanches
Relèvement du balancier et du garrot
Abaissement des hanches
Compression des articulations pour la détente et le saut
Fin de la battue des antérieurs : engagement des postérieurs

Détente des postérieurs (phase ascendante)
Cavalière en équilibre sur les étriers, fesses au-dessus du pommeau et étrivières verticales

Les éléments participant au geste d'encaissement du saut :
- ***le regard loin devant ;***
- ***les étrivières verticales ;***
- ***le dos plat en conservant l'alignement coudes / mains / bouche du cheval ou du poney.***

Planer : Cavalière en équilibre sur les étriers et parallèle à sa monture

Réception : Redressement du buste de la cavalière en équilibre sur les étriers avec enclenchement du bassin

Reprise du galop : Cavalière en équilibre sur les étriers

Pratique

Sur les sauts

Votre position et votre aisance évolueront jusqu'à une stabilité qui doit vous permettre de :

- vous rapprocher de la selle en conservant la disponibilité de votre haut du corps ;
- accompagner avec l'ensemble buste / épaules / bras / mains le mouvement de l'encolure dans les différentes phases du saut par le jeu des articulations de vos membres inférieurs ;
- redresser souplement votre buste lors de la phase descendante afin de conserver votre équilibre au-dessus de vos pieds ;
- reprendre rapidement une attitude en équilibre pour être prêt à intervenir sur la suite du parcours.

Vous respecterez ainsi les mouvements de votre cheval ou votre poney, sans entraver sa souplesse générale.

Entre les sauts

Votre position doit vous permettre de contrôler l'impulsion, la direction, et l'équilibre de votre cheval ou votre poney.

L'équilibre du cheval ou du poney

L'équilibre juste se définit comme l'adaptation parfaite à l'action à accomplir.

Dans un enchaînement d'obstacles, l'équilibre de la monture doit s'adapter aux différentes phases du parcours. Vous devez donc veiller à conserver à la fois son équilibre latéral et son équilibre longitudinal dans :

- les courbes ;
- les lignes droites ;
- les abords de façon à ce qu'elle puisse sauter en se « grandissant » de l'avant-main, reportant du poids vers l'arrière-main pour faciliter l'élévation de l'avant-main puis la bascule de l'arrière-main ;
- les réceptions, afin d'être rapidement disponible pour aller franchir un autre obstacle.

L'équilibre idéal se traduit par une parfaite disponibilité, tout en conservant calme et impulsion tout au long du parcours.

Le calme dépend du caractère de votre monture mais aussi de votre stabilité et de vos actions.

Un cheval ou un poney est serein sur un parcours lorsque son cavalier ne le perturbe pas par des interventions maladroites et intempestives.

Le tracé du parcours

Pour enchaîner un parcours vous devez maîtriser, au niveau de votre monture :

- l'impulsion ;
- la direction ;
- l'équilibre.

La vitesse et l'impulsion se rattachent au fondamental : « avancer ».

La direction se rattache au fondamental : « tourner ».

L'équilibre se rattache au fondamental : « équilibrer / équilibrer sa monture ».

L'impulsion doit être maintenue tout au long du parcours par les jambes et au besoin par une attitude proche de la selle favorisant le mouvement du bassin, votre monture restant tendue.

Vous sentez, dans ce cas, votre cheval ou votre poney « devant vous ».

La vitesse d'un parcours est en fonction de l'amplitude de la foulée et du rythme de votre monture (par exemple, environ 270 mètres à la minute pour les poneys B à environ 350 mètres à la minute pour les chevaux d'école).

Vous devez maintenir une vitesse régulière, avant et après chaque saut, pour deux raisons :

- la sécurité ;
- le souci d'enchaîner et de veiller à rester dans un équilibre juste.

Toutefois, certains types de parcours exigent des vitesses plus élevées. Le contrôle de la direction et de l'équilibre demande alors une habileté supérieure afin de réunir les meilleures conditions pour sauter les obstacles.

Maintenir une cadence régulière au galop demande à votre monture de conserver un même « tempo » tout au long de votre parcours.

La direction

Un parcours est un enchaînement de courbes et de lignes droites entrecoupées de sauts. Les problèmes de direction se situent donc au niveau de ces différentes phases (voir manuel « Etre Cavalier GALOPS 1 à 4 »).

Le tournant

Pour tourner efficacement, vous devez, de préférence, vous rapprocher de la selle et anticiper sur le tracé prévu c'est-à-dire, au début d'une courbe, avoir évalué où vous vous situerez à la fin de cette courbe.

Pour tourner à droite :

- assurez-vous de l'équilibre de votre monture ;
- regardez dans la direction choisie et fixez un point précis (par exemple : le centre de l'obstacle suivant) ;
- orientez-vous pour tourner ;
- votre rêne droite indique la direction à prendre ;
- votre rêne gauche intervient pour contrôler l'équilibre et ajuster la courbe ;
- la jambe intérieure maintient l'impulsion et l'incurvation ;
- la jambe extérieure tient les hanches.

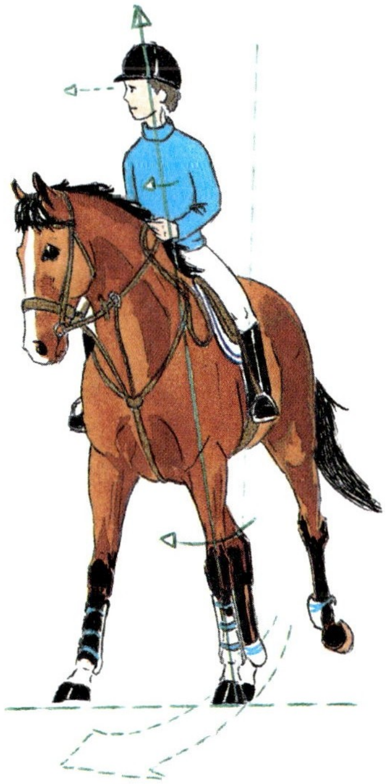

> *Votre monture doit galoper sur le pied intérieur aux courbes décrites.*
> *Comment réagir dans le cas contraire ?*
> *SI son niveau de dressage le permet, ALORS demandez un changement de pied ;*
> *SI son équilibre au galop à faux le permet, ALORS maintenez la vitesse et l'activité ;*
> *SI votre monture est en perte d'équilibre, ALORS n'hésitez pas à la reprendre franchement pour continuer votre parcours en toute sécurité et aborder l'obstacle suivant dans les meilleures conditions.*

La ligne droite

Votre monture doit rester droite et tendue, dans le mouvement en avant, vous pouvez alors adopter une position en équilibre sur les étriers.

Cavalier en équilibre sur les étriers, au-dessus de sa selle

L'approche des obstacles

L'abord d'un obstacle doit se faire selon un axe perpendiculaire et centré sur le milieu de l'obstacle (si nécessaire de biais), en vous rapprochant de la selle.

La réception des obstacles

Dès la réception, reprenez une attitude vous permettant le meilleur emploi de vos aides.

> *Grâce à ces variations d'attitudes et à un emploi des aides adapté, vous pouvez dessiner un bon tracé de parcours, enchaîner harmonieusement courbes et lignes droites, et assurer les meilleures conditions pour sauter les différents obstacles.*

Cavalier en équilibre sur les étriers, proche de sa selle

Le saut d'obstacles au Galop 5

***Vous devez enchaîner un parcours** comprenant une suite de sauts rapprochés en ligne, puis quelques obstacles isolés en conservant une vitesse régulière au galop.*

Enchaîner des sauts rapprochés en ligne

Cette situation demande au cavalier de se lier à sa monture et de rester en phase avec les différentes étapes du saut.

Le fondamental dominant est « s'équilibrer ».

Votre monture doit s'équilibrer d'elle-même sur les sauts rapprochés en garc   nême rythme tout au long de cette ligne aménagée.

A chaque saut

- Amortissez, en équilibre sur les étriers, les sauts par le jeu souple des articulations   ıres ;
- accompagnez les mouvements d'encolure de votre monture avec vos bras et votre haut   ıs ;
- redressez souplement votre buste à chaque réception en vous rapprochant de la selle

L'amortissement du saut doit se faire dans la fluidité, en phase avec le cheval ou le por

Il est indispensable de conserver l'impulsion en gardant vos jambes au contact.

Pour entrer dans la ligne, centrez votre abord perpendiculairement selon l'axe déterminé pa milieux du premier et du dernier obstacles.

Tout au long de la ligne

Conservez votre monture droite dans l'axe (sans la laisser dévier à droite ou à gauche) en la canalisant par vos aides.

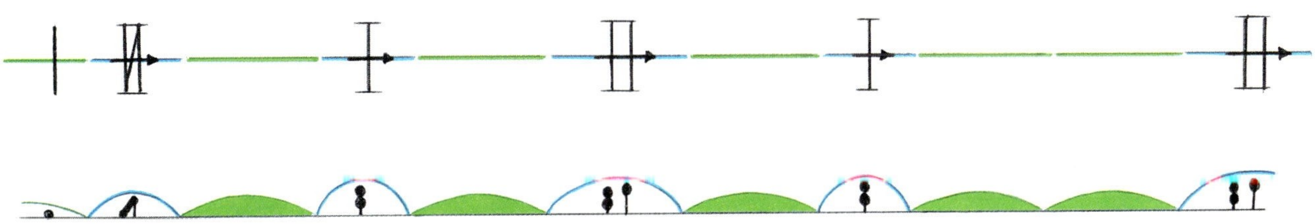

Exemple de petits droits et oxers à une ou deux foulée(s) en alternance

Aborder les obstacles isolés

Aborder des obstacles isolés demande au cavalier de contrôler l'impulsion et la direction. Pour cela :

- centrez vos abords, perpendiculairement et au milieu des obstacles ;
- entretenez un galop actif tout au long de l'enchaînement sans accélération ni ralentissement trop marqué.

Conservez une attention constante en restant à l'écoute de votre cheval ou poney et soyez prêt à intervenir avec vos jambes ou avec vos mains dès qu'une modification de comportement s'amorce.

Le saut d'obstacles au Galop 6

Pratique

Deux capacités supplémentaires *qui se rattachent aux fondamentaux « avancer » et « tourner » sont demandées au cavalier.*

La cadence

Le fondamental dominant est « avancer ».

La notion de cadence s'attache à la régularité avec laquelle un même membre se pose au sol. Le maintien d'une cadence s'exprime non seulement par une vitesse constante mais en plus par l'uniformité des foulées dans l'allure, c'est-à-dire en évitant toute dégradation du mouvement.

Tout au long de votre parcours, conservez, par votre attitude et par vos aides, la cadence en contrôlant la vitesse et l'équilibre.

Enchaîner deux obstacles sur une courbe

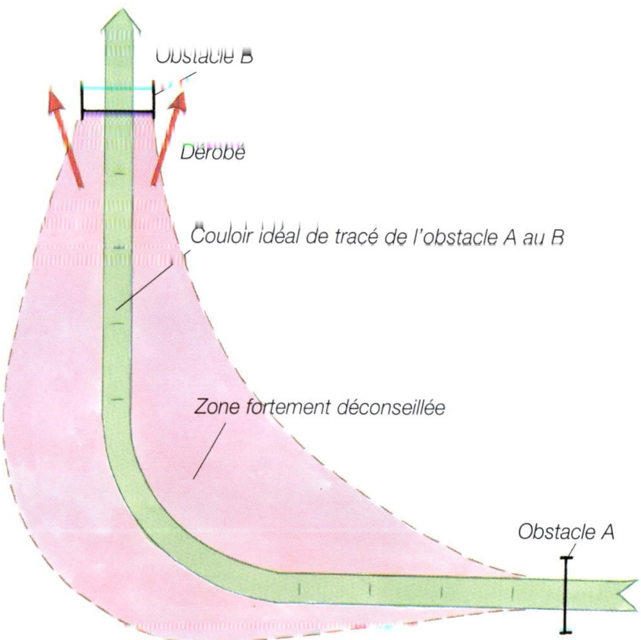

Le fondamental dominant est « tourner ».

Enchaîner deux obstacles sur une courbe demande au cavalier de tourner sur une courbe plus ou moins serrée après avoir franchi un obstacle et de se préparer à en franchir un autre tout en conservant les meilleures conditions d'abord.

La préoccupation du cavalier est donc de rester dans la courbe idéale en maintenant la vitesse et l'équilibre.

Abordez le premier obstacle perpendiculairement et en son milieu.

La maîtrise du tournant détermine l'abord du second obstacle :

- fixez du regard le deuxième obstacle dès la réception du premier ;
- revenez rapidement en place à la réception en vous rapprochant de la selle avec légèreté ;
- tracez votre courbe en vous plaçant, au plus tôt, sur l'axe médian de l'obstacle que vous vous apprêtez à sauter ;
- maintenez l'impulsion et l'équilibre tout au long de la courbe.

Comment réagir ?

SI votre monture s'écarte du tracé idéal en s'échappant vers l'extérieur ou en se décalant à l'intérieur de la courbe, ALORS renforcez vos aides pour la canaliser dans un « couloir ».

SI votre monture dérobe, ALORS tournez du côté opposé au dérobé en revenant systématiquement vers l'intérieur puis représentez vous normalement devant l'obstacle en restant vigilant.

SI votre monture s'arrête (= refus), ALORS revenez en respectant rigoureusement le tracé idéal, l'équilibre et l'impulsion.

Le saut d'obstacles au Galop 7

Les exigences du Galop 7 *se rattachent à la stabilité du cavalier sur les sauts, au contrôle de l'amplitude des foulées sur une ligne d'obstacles et à la précision du tracé.*

La précision du tracé

Le cavalier étant stable dans une attitude juste commence à contrôler l'équilibre de sa monture.

Un tracé fluide et régulier implique que le cavalier maîtrise l'équilibre latéral et l'équilibre longitudinal de sa monture dans les courbes et sur les lignes droites, malgré les sauts.

Les différents profils d'obstacles et les trajectoires

Vous pouvez rencontrer différents profils d'obstacles :

- les verticaux ;
- les larges ;
- les bidets, rivières, talus.

Ces types d'obstacles peuvent être placés de façon isolée, en ligne ou en combinaison.

Les lignes d'obstacles

Une ligne d'obstacles est composée d'au moins deux obstacles situés à la suite en ligne sur une droite, une courbe ou une ligne brisée, distants entre eux d'au moins trois foulées et au plus de six foulées.

Tous les profils d'obstacles peuvent être utilisés dans une ligne.

Les combinaisons

Une combinaison est un groupe de deux, trois ou plusieurs obstacles en ligne séparés entre eux d'une ou deux foulées maximum.

Les trajectoires

La trajectoire du saut d'un cheval ou d'un poney correspond à la courbe qu'il décrit dans l'espace pour sauter un obstacle.

La trajectoire dépend de l'équilibre du couple cavalier / cheval ou poney et de la vitesse d'abord conditionnés par le profil de l'obstacle, la nature du terrain et le barème de l'épreuve.

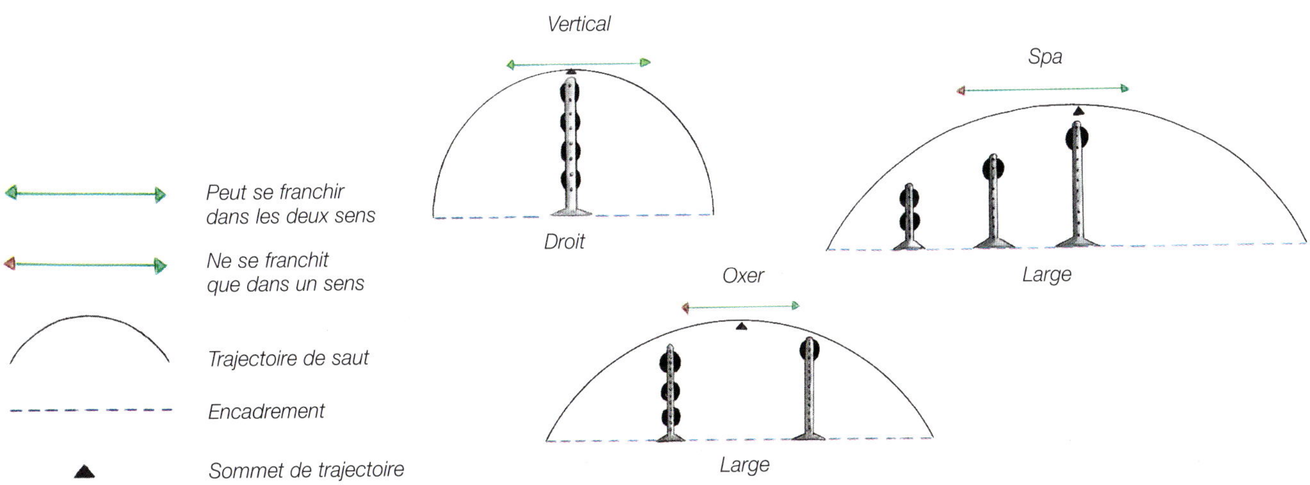

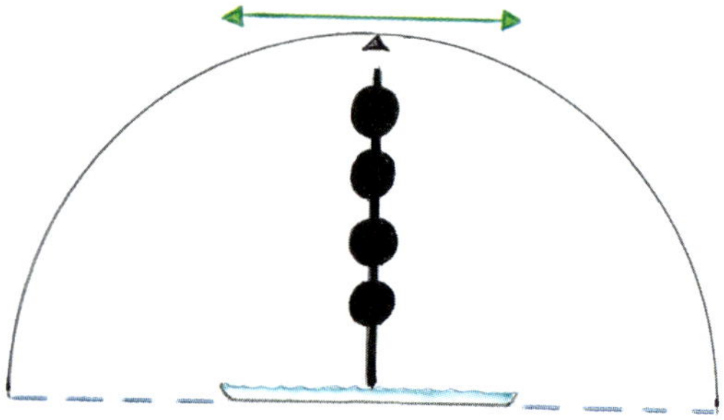

Vertical sur Bidet

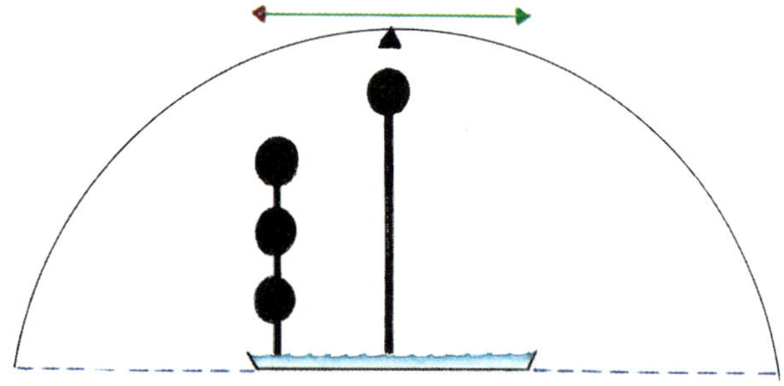

Oxer sur Bidet

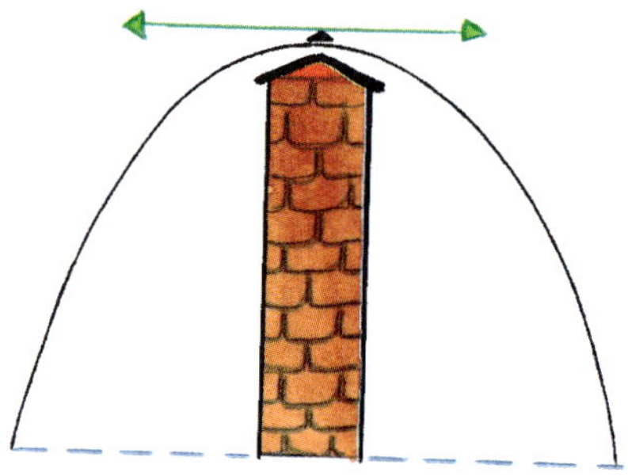

Mur

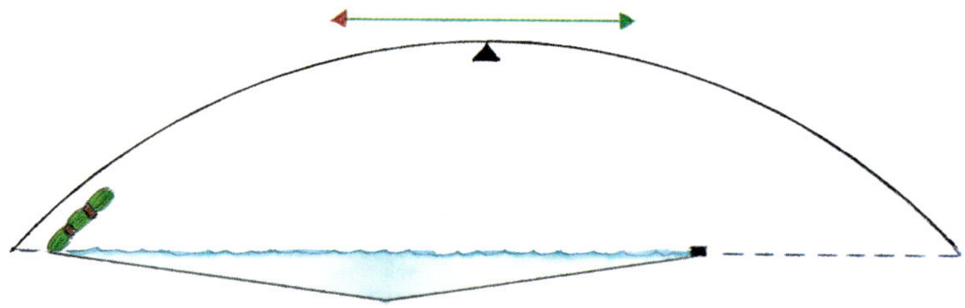

Rivière

Quelques exemples de doubles à deux foulées justes

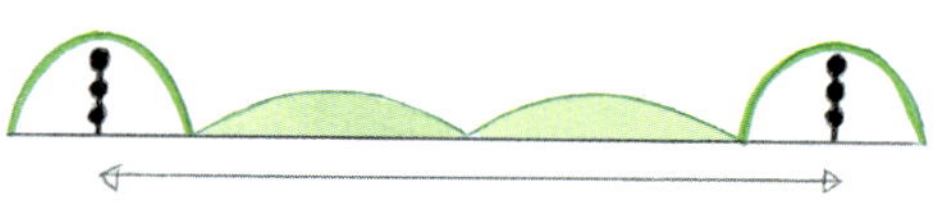

Double de verticaux

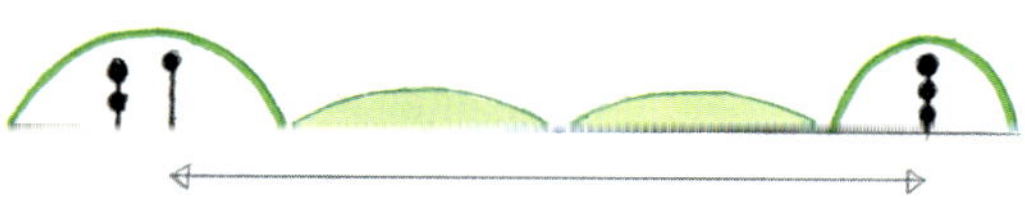

Double oxer-vertical

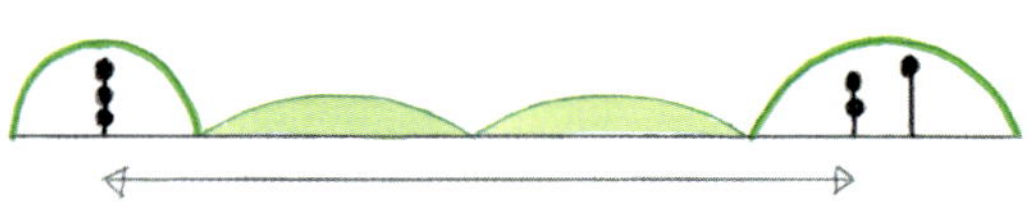

Double vertical-oxer

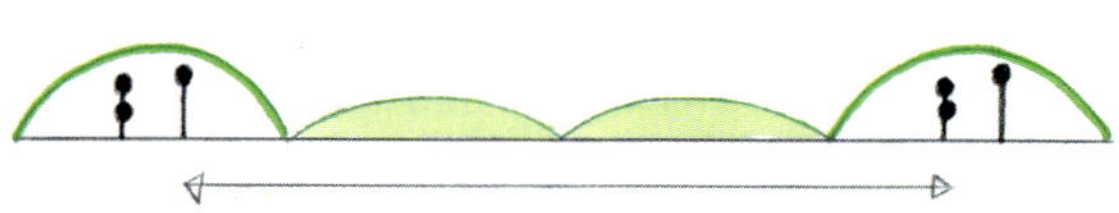

Double d'oxers

Quelques exemples de doubles à une foulée juste

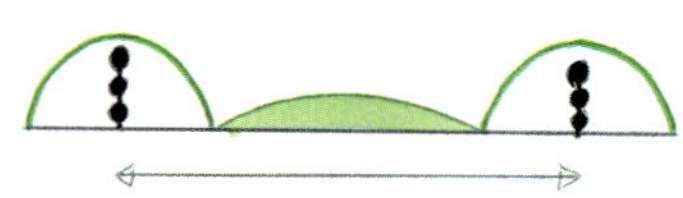

Double de verticaux

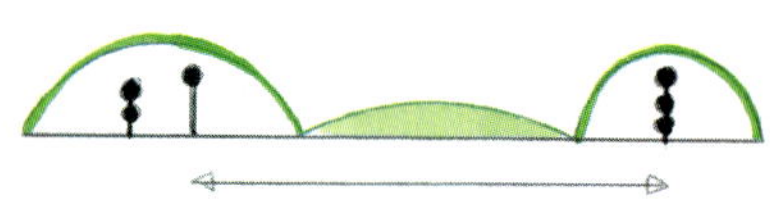

Double oxer-vertical

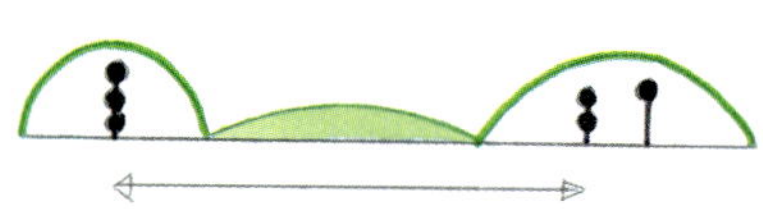

Double vertical-oxer

Quelques exemples de triples à une et/ou deux foulée(s) juste(s) par ordre de difficulté technique

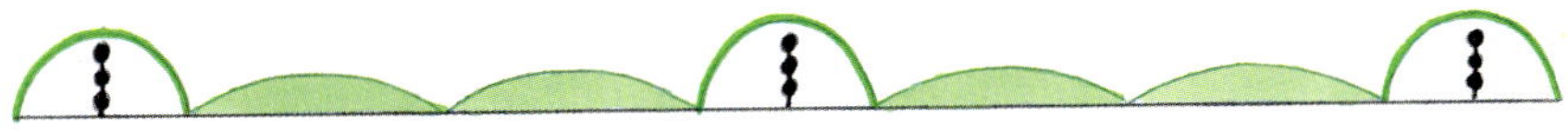

Triple de verticaux à deux foulées

Triple oxer-vertical-vertical à deux foulées

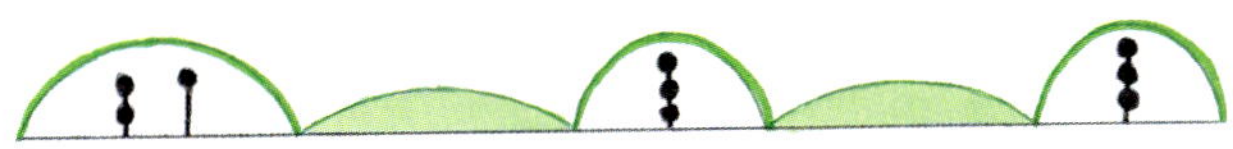

Triple oxer-vertical-vertical à une foulée

Triple vertical-oxer-vertical à deux puis une foulées

Triple vertical-oxer-vertical à une foulée

Le contrôle de l'amplitude des foulées

Le contrôle de l'amplitude des foulées en enchaînant des sauts demande au cavalier d'agir entre les deux obstacles en fonction de la trajectoire du premier saut.

Selon l'entrée sur le premier obstacle de la ligne, l'amplitude des foulées entre l'obstacle 1 et l'obstacle 2 est modifiée.

Plus la distance entre les deux obstacles est courte, plus les foulées seront contrôlées, nécessitant un emploi approprié des aides.

Pour augmenter l'amplitude des foulées

Agissez avec vos deux jambes et conservez l'équilibre de votre monture par l'inclinaison de votre haut du corps vers l'arrière. Faites jouer votre bassin, si nécessaire, pour maintenir cette amplitude.

Pour diminuer l'amplitude des foulées

Freinez avec vos épaules par la rigidité de votre dos dans une attitude verticale en agissant, si besoin, avec vos mains.

Dans les deux cas : maintenez l'impulsion avec des jambes vigilantes et conservez la direction en canalisant votre monture dans le couloir de vos aides.

Ligne de verticaux à six foulées justes

Bonne trajectoire sur l'obstacle d'entrée : six foulées normales
Bonne trajectoire sur l'obstacle de sortie

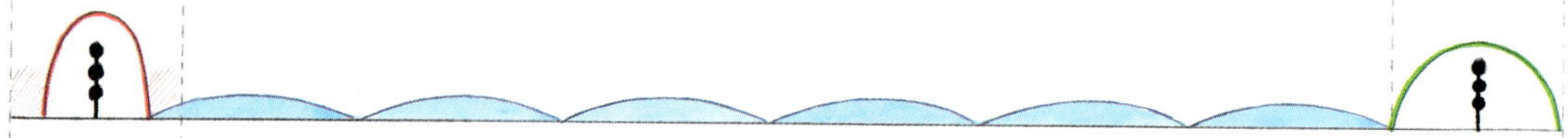

Trajectoire en cloche sur l'obstacle d'entrée : six foulées longues
Bonne trajectoire sur l'obstacle de sortie

Trajectoire tendue sur l'obstacle d'entrée : six foulées courtes
Bonne trajectoire sur l'obstacle de sortie

Variations des distances dans une ligne vertical-oxer à trois foulées

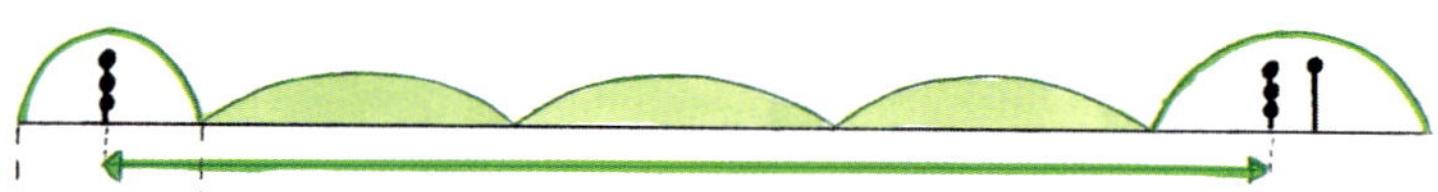

Distance juste

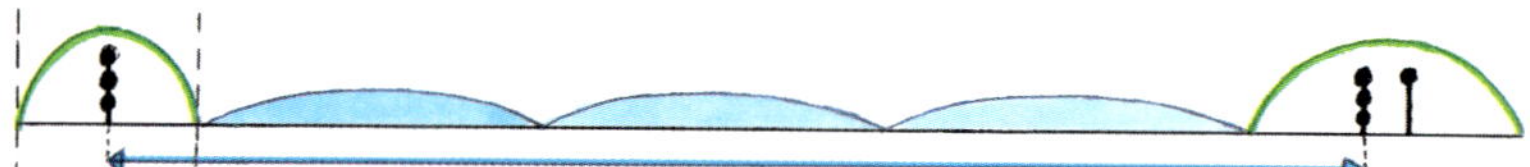

Distance longue

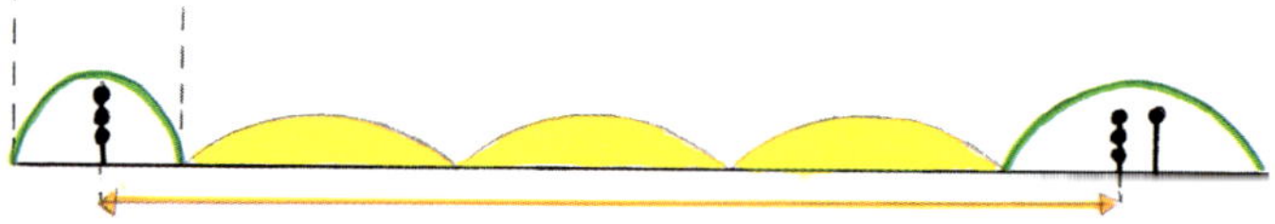

Distance courte

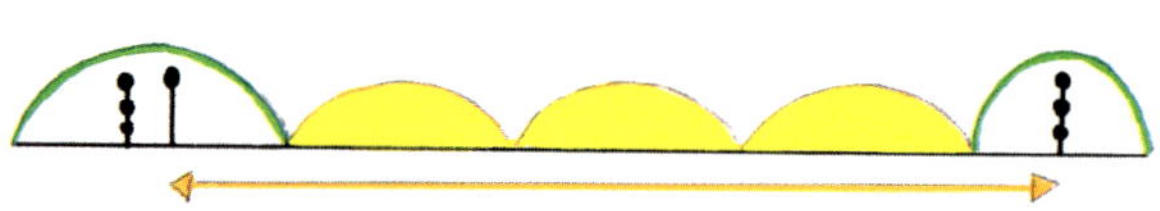

Ligne oxer-vertical à trois foulées courtes

Chaque explication technique est fondée sur de grands principes que vous devez respecter dans le cas de conditions très schématiques. Or l'équitation n'est pas une technique figée, les conditions réelles d'un parcours exigent non seulement des compétences justes mais aussi une faculté constante d'adaptation de la part du cavalier en fonction des circonstances.

En compétition

Vous pouvez participer à différents types d'épreuves *de saut d'obstacles : celles où les fautes aux obstacles sur le parcours sont comptabilisées en points ou en secondes ; les épreuves Hunter, où les fautes aux obstacles et le style du cavalier et de sa monture font l'objet d'une notation.*

Le parcours

La piste désigne l'endroit clos où se déroule le parcours.

En épreuve, les obstacles sont numérotés.

Des fanions indiquent le sens de franchissement des obstacles ainsi que les passages obligatoires (exemple : la ligne de départ ou la ligne d'arrivée). Le fanion rouge est à droite, le fanion blanc à gauche.

Il est absolument obligatoire de passer entre eux en laissant le fanion rouge à droite et en respectant l'ordre des numéros.

La reconnaissance du parcours

Le parcours est mis en place sous les directives du commissaire de piste (ou chef de piste).

Avant chaque épreuve d'un concours ou d'une rencontre, un laps de temps est prévu pour permettre aux cavaliers de reconnaître à pied leur parcours.

Cette reconnaissance a pour but :

- de vous imprégner de la configuration du terrain ;
- de repérer l'enchaînement des obstacles y compris la ligne de départ et la ligne d'arrivée et les éventuels passages obligés ;
- de déceler les difficultés liées aux profils des obstacles, aux tournants et aux déclivités du terrain ;
- d'évaluer les distances dans les lignes ou les combinaisons, et les contrats de foulées ;
- de choisir un tracé idéal en fonction du type de l'épreuve et des aptitudes de votre monture.

Le jury indique par un coup de cloche ou de sonnette le début et la fin de la reconnaissance. Elle se fait en tenue, accompagné le plus souvent de votre enseignant qui vous donnera tous les conseils nécessaires.

Une bonne reconnaissance s'effectue en prenant son temps et en évaluant soigneusement les difficultés du parcours.

Faites un repérage visuel global de la piste afin de prendre des points de repère et de pouvoir vous situer rapidement tout au long de votre parcours, ce qui vous permet d'anticiper sur votre tracé.

Si votre numéro de départ vous en laisse le temps, observez attentivement les parcours des autres concurrents et le comportement de leurs montures.

Il est indispensable de connaître le règlement et les modalités d'une épreuve avant de commencer la reconnaissance.

Le plan du parcours

Avant chaque épreuve, le plan du parcours est affiché où apparaissent les informations suivantes :

- l'emplacement des obstacles, leur profil et leur numéro ;
- l'emplacement des lignes de départ et d'arrivée ;
- le tracé à suivre indiqué par une série de flèches précisant le sens dans lequel chaque obstacle (ou passage obligatoire) doit être franchi ;
- les éventuels points de passage obligatoire ;
- le barème pour les parcours de C.S.O. et les éventuels obstacles du barrage ;
- la durée du temps accordé et le temps limite ;
- la longueur du parcours ;
- la vitesse imposée ;
- les contrats de foulées et les figures imposées pour les parcours hunter.

En C.S.O. le barème dépend du type de parcours.

Barème A : les fautes sont décomptées en points. S'il y a un chronométrage, à nombre égal de point, le plus rapide gagne.

Barème C : les fautes sont décomptées en secondes proportionnellement à la longueur du parcours et au nombre d'efforts (sauts) demandés.

> ***N'oubliez jamais que la philosophie du « Saut d'Obstacles » est d'avant tout de réaliser un parcours sans faute. Tout l'art consiste ensuite à l'exécuter plus ou moins vite en fonction du barème du parcours.***

Exemple de plan d'un parcours

Date : Dimanche 30 juillet 1995.
Lieu : Rouen.
Epreuve : N° 4 : D2.
Terrain : 15 m x 30 m.

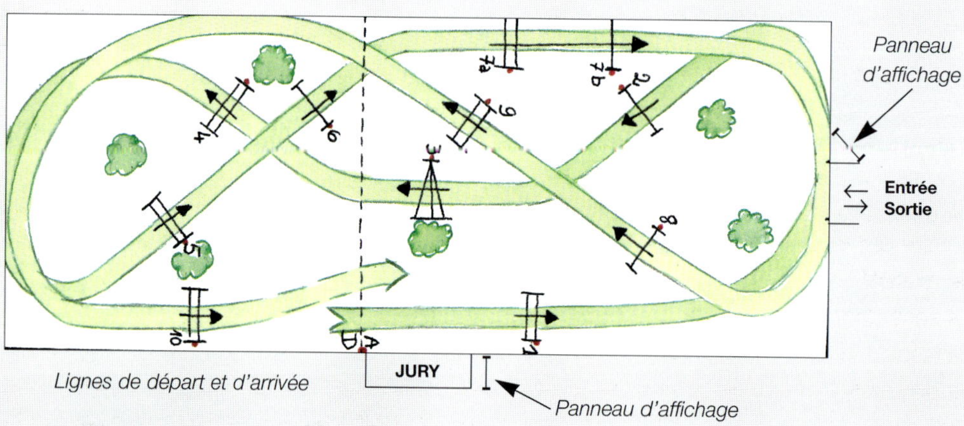

Barème : A, sans chronomètre.
Vitesse : 300 m/mn.
Distance : 340 m.
Temps accordé : 68".
Temps limite : 136".

Barrage au chronomètre : 1-3-7 a-9-6-4-10.
Distance du barrage : 220 m.
Temps accordé : 44".
Temps limite : 88".

Equiper sa monture pour le saut d'obstacles

Pour le saut d'obstacles, vous devez protéger les membres de votre monture. Différentes sortes de guêtres sont à votre disposition, les plus usuelles étant les protège-tendons pour les membres antérieurs, et les protège-boulets pour les membres postérieurs.

Si vous posez des crampons et que votre cheval ou votre poney trousse très fort ses antérieurs lors des sauts, utilisez une bavette ou une sangle bavette pour le protéger d'éventuelles blessures dues aux crampons. N'oubliez pas de l'équiper de cloches.

Pour les bandes de « polo », assurez les Velcro avec un tour de ruban adhésif de façon à éviter qu'elles ne se déroulent.

Lorsque vous vous servez d'une martingale fixe, par mesure de sécurité, mettez un collier. De même, pour une martingale à anneaux, les arrêtoirs sur les rênes sont indispensables.

Vérifiez votre matériel avant les séances ou les épreuves d'obstacles.

Même si votre monture est franche, prenez une cravache (en épreuve officielle, sa taille est réglementée) et si nécessaire mettez des éperons. La bombe « attache trois points » est obligatoire.

Détendre sa monture

La détente se déroule sur le terrain d'entraînement ou paddock et a pour but de préparer (moralement et physiquement) un couple (cavalier/cheval ou poney) à un parcours. Elle est très importante et a une grande influence sur la performance en compétition. Elle comporte trois phases :

- une détente simple et progressive au pas, au trot et au galop ;
- un échauffement musculaire général, comprenant des assouplissements longitudinaux et latéraux et des exercices sur le plat visant à vérifier les réponses aux aides et l'impulsion (mise en avant et mise aux ordres) ;
- un échauffement musculaire et des assouplissements spécifiques par le franchissement d'obstacles d'essai visant à la mise en confiance avant d'aborder le parcours.

Ces différents exercices sont abordés dans le calme et la décontraction.

La détente doit être adaptée au caractère et au tempérament de votre monture (chevaux et poneys sont plus ou moins émotifs, plus ou moins « chauds »), au type du parcours (parcours de vitesse, de Grand Prix, de style, ...).

Elle ne doit être ni trop longue provoquant une fatigue inutile, ni trop courte ce qui entraînerait un manque d'échauffement et donc des risques de lésions musculaires ou tendineuses sans parler du risque d'affolement pour le cheval ou le poney et son cavalier.

Vous devez suivre le règlement officiel en vigueur, de la Fédération Française d'Equitation, contrôlé par le commissaire au paddock, toutes les règles de sécurité et les règles de courtoisie :

- le respect des priorités ;
- le sens de franchissement des obstacles d'essai (indiqué par les fanions) ;
- le respect des zones d'abord et de réception ;
- le port obligatoire de la bombe ou du casque ;

Attention : si l'obstacle d'essai est encombré, vous devez laisser la place aux concurrents qui vous précèdent (par ordre de numéro).

Planifiez votre détente en fonction de votre horaire de passage sur le parcours.

Profitez du temps d'attente précédent votre entrée sur la piste pour mémoriser une dernière fois le parcours et vous concentrer.

Photo Béatrice FLETCHER

Entrée d'un gué par gros contre-bas

Le cross

***Enchaîner un parcours de cross** consiste à sauter des obstacles fixes, à l'extérieur, sur un terrain naturel et selon un tracé précis.*

Généralités

La difficulté d'un parcours de cross dépend :

- de la distance ;
- du relief et de la nature du terrain ;
- de la vitesse demandée ;
- de la hauteur des obstacles, de leur profil, de leur aspect (massif, creux, ...) et de leur disposition par rapport au terrain (dévers ou déclivité).

Pour réaliser un parcours de cross, le cavalier doit maîtriser son propre équilibre, l'équilibre de sa monture, le mouvement en avant et la direction, en conservant une vitesse soutenue.

Nous retrouvons donc les trois fondamentaux de l'équitation :

- « s'équilibrer / équilibrer sa monture » ;
- « avancer » ;
- « tourner ».

L'équilibre du cavalier

L'équilibre du cavalier doit lui permettre :

Entre les obstacles

De prendre et de conserver une position confortable et adaptée à la vitesse, c'est-à-dire une position en équilibre sur des étriers courts, qui peut être maintenue sans fatigue excessive et qui allège le dos du cheval ou du poney.

Sur les sauts

De prendre une position en phase avec le fonctionnement du cheval ou du poney, c'est-à-dire :

- efficace, solide à l'abord, et adaptée au profil de l'obstacle ;
- souple sur l'encaissement des sauts ;
- active dès la réception pour relancer la vitesse ou s'adapter aux variations de terrain, avec un redressement du buste dû à l'avancée du bassin, et des jambes en place à la sangle.

En montée

De prendre une position adaptée :

- pour aider sa monture en inclinant le buste légèrement en avant, tout en accompagnant le mouvement d'encolure avec les bras ;
- pour permettre l'activité de l'arrière-main en dégageant les fesses de la selle.

En descente

De prendre une position stable pour intervenir sur l'équilibre de sa monture en redressant légèrement le buste et en gardant le contact avec la bouche.

5 6 7

L'équilibre du cheval ou du poney

Dans un parcours, l'équilibre de votre monture doit s'adapter aux différentes situations, c'est-à-dire conserver son équilibre latéral et son équilibre longitudinal dans les tournants, les lignes droites, les abords et les réceptions et cela, malgré les variations de vitesse, les variations de terrain et les obstacles.

Conduire sur un parcours de cross

Pour conduire sa monture, le cavalier utilise les mêmes aides que sur un parcours de saut d'obstacles mais la vitesse est plus élevée.

La sensation de vitesse liée à l'équilibre juste et adapté aux difficultés rencontrées donne la notion de « train ».

La vitesse demandée varie en fonction du niveau des épreuves (et de la taille de la monture, dans les épreuves réservées aux poneys) :

- entre 450 mètres/minute et 570 mètres/minute pour les chevaux ;
- entre 325 mètres/minute pour les poneys B et 500 mètres/minute pour les poneys D en épreuve de Grand Prix.

Tous les obstacles demandent de la franchise mais selon leur profil et leur emplacement par rapport au relief du terrain, les techniques d'abords sont différentes. Ainsi se distinguent trois grandes catégories :

- ceux qui privilégient l'équilibre ;
- ceux qui privilégient l'impulsion ;
- ceux qui privilégient la direction.

Les obstacles qui privilégient l'équilibre

Leur situation par rapport au relief et/ou leur aspect, demande un abord à vitesse réduite, nécessitant une forte impulsion, avec un équilibre orienté vers les hanches.

Ce sont des obstacles qui nécessitent un abord très équilibré pour faciliter la frappe des antérieurs.

Quelles exigences demandent ces obstacles ?

Le cavalier doit diminuer la vitesse, augmenter ou maintenir l'impulsion afin d'adapter l'équilibre de sa monture.

Le cheval ou le poney doit modifier son équilibre sans se désengager et être réactif.

Le fondamental dominant est « s'équilibrer / équilibrer sa monture ».

Quels sont les moyens pour y parvenir ?

Selon leur profil spécifique :

Le gué

a) entrée du gué par un tronc (contre-bas d'entrée dans l'eau légèrement panoramique), sortie par plage

b) entrée du gué par plage et sortie en contre-haut avec tronc

Pour aborder un gué avec un contrebas :

- réduisez la vitesse ou repassez éventuellement au trot ;
- conservez l'impulsion et le contact avec les rênes ;
- laissez votre monture sauter ;
- utilisez des appels de langue.

Planer sur un contre-bas

L'obstacle panoramique

Pour aborder un obstacle panoramique :

- réduisez la vitesse ;
- maintenez l'impulsion ;
- laissez votre monture sauter en regardant le profil;
- les descentes modifiant l'équilibre du cheval ou du poney, les obstacles en dévers demandent un abord précis surtout si ce sont des verticaux.

Fin du planer sur un obstacle en descente

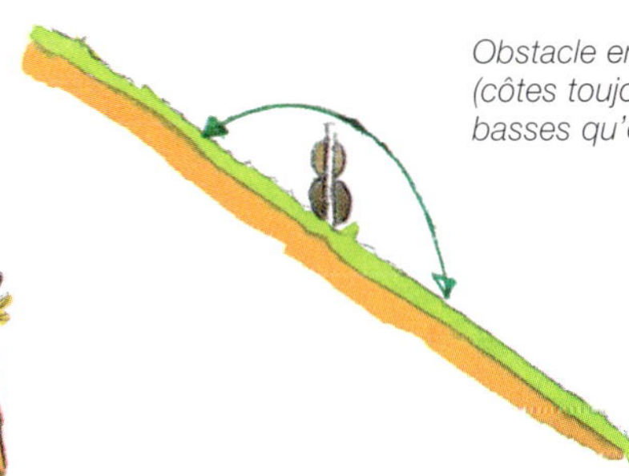

Obstacle en dévers (côtes toujours plus basses qu'en terrain plat)

Toit de bergerie panoramique

Les obstacles qui privilégient l'impulsion

Le contre-haut

Pour aborder un contre-haut :

- maintenez la nuque de votre monture à niveau (comme pour aborder un vertical) ;
- conservez le contact et des jambes actives ;
- laissez passer les postérieurs.

Phase ascendante sur un contre-haut

L'obstacle en montée

Pour aborder un obstacle en montée : conservez la même attitude que pour un contre-haut.

Phase ascendante sur un obstacle en montée

Les obstacles de volée et les larges

Massifs et sautants, ils incitent au respect sans nécessiter d'interventions très marquées sur l'équilibre. Ces obstacles se franchissent « dans la foulée ».

Quelles exigences demande ce profil d'obstacles ?

Le cavalier doit maîtriser l'impulsion.

Le cheval ou le poney doit être franc et faire un saut économique.

Le fondamental dominant est « avancer ».

Quels sont les moyens pour y parvenir ?

- maintenez un contact constant pour contrôler l'impulsion ;
- gardez des jambes actives, sans provoquer obligatoirement une accélération dans les dernières foulées avant l'appel ;
- conservez l'équilibre latéral et longitudinal de votre monture.

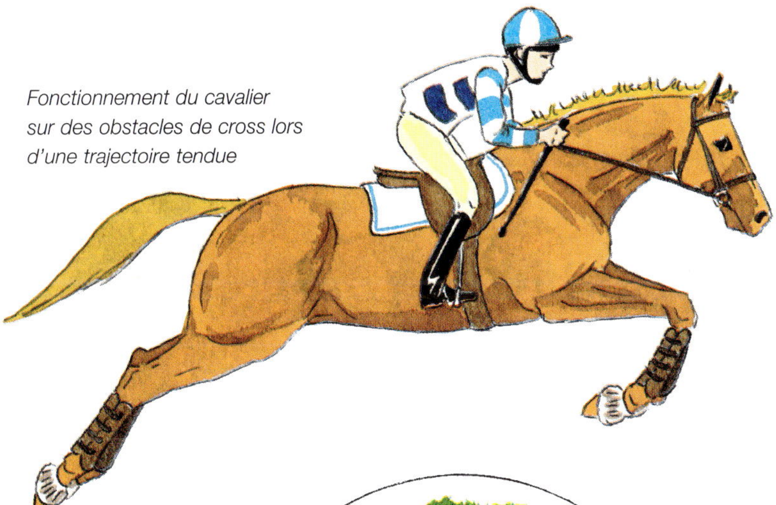

Fonctionnement du cavalier sur des obstacles de cross lors d'une trajectoire tendue

Bull finch

Talus breton

Haie

Stère

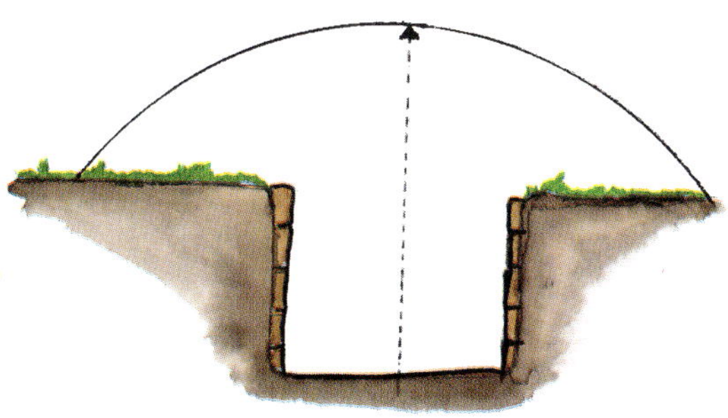

Trou à bords francs

Pratique

Les obstacles qui privilégient la direction

Ce sont des obstacles qui nécessitent la précision dans la conduite parce que :

- ils ont peu de front ;
- il faut les sauter en un point précis ;
- ils peuvent être abordés de biais ;
- ils peuvent constituer une combinaison d'obstacles.

Quelles exigences demande ce profil d'obstacles ?

Le cavalier doit être précis dans la conduite de sa monture sur l'abord et sur le saut.

Le cheval ou le poney doit respecter le couloir des aides de son cavalier à l'abord.

Le fondamental dominant est « tourner ».

Quels sont les moyens pour y parvenir ?

Ce sont les mêmes moyens que pour conduire sur des obstacles rapprochés en ligne ou sur des courbes serrées (voir Galops 6 et 7 saut d'obstacles). Il faut dans tous les cas, obtenir une bonne soumission aux aides ainsi que la rectitude dans le galop, aux abords.

Enclos (parc à mouton)

Obstacle en pointe

D'une manière générale quel que soit le profil d'un obstacle, vous devez à l'abord :

- ***vous rapprocher de la selle pour pouvoir être plus précis dans vos actions ;***
- ***conserver, sans les bloquer, vos mains près du garrot afin de maintenir une bonne tension du cheval ou du poney ;***
- ***garder vos jambes au contact.***

En compétition

Les obstacles de cross *peuvent être disposés de façon isolée, en combinaison ou en obstacles composés de plusieurs éléments.*

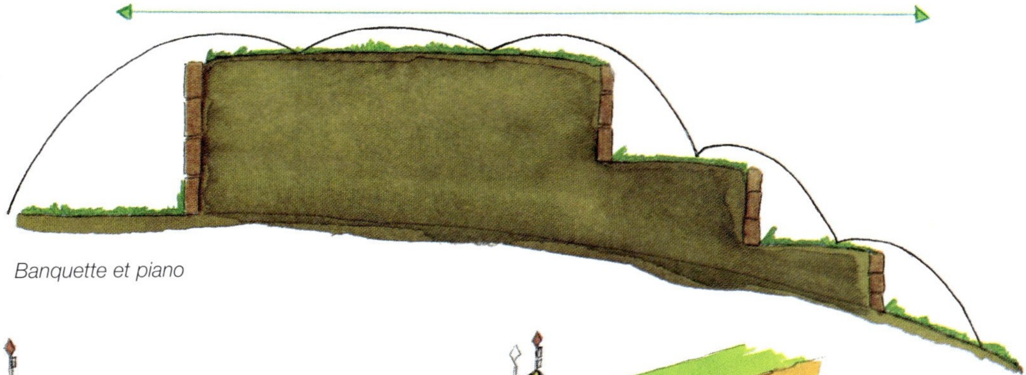

Banquette et piano

Coffin

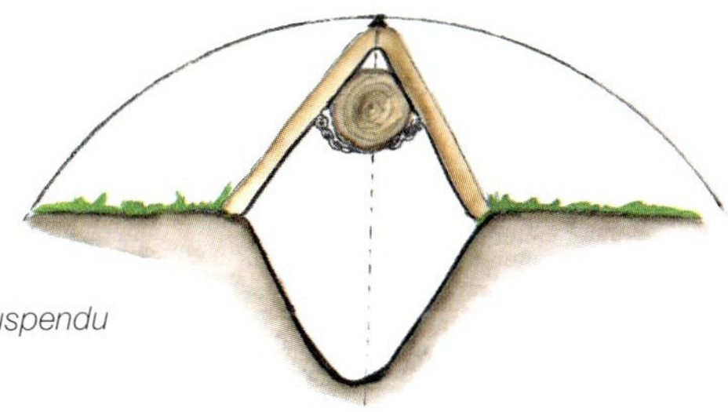

Tronc suspendu

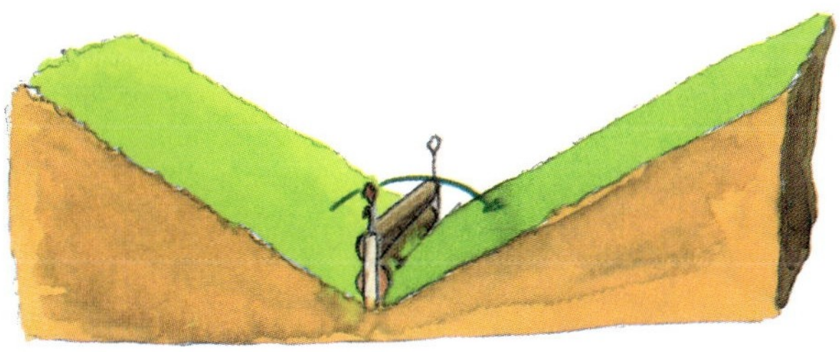

La reconnaissance du parcours

Comme pour le saut d'obstacles, elle a pour but de :

- vous imprégner de la configuration du terrain ;
- repérer l'enchaînement des obstacles et les passages obligatoires (P.O.) y compris la ligne de départ et la ligne d'arrivée ;
- cibler les éventuelles difficultés liées au profil des obstacles, aux changements de direction et aux déclivités ;
- combiner un tracé idéal en fonction des aptitudes de votre monture ;
- gérer la vitesse en fonction de la distance et du nombre de sauts (prévoir des phases de récupération après les gros efforts : montée, combinaison à sauts multiples, ...).

Elle se fait avec votre enseignant qui vous donnera tous les conseils nécessaires.

Il est très important de connaître le règlement et les modalités d'une épreuve avant de commencer la reconnaissance.

Une reconnaissance officielle avec un organisateur ou un responsable du concours est prévue.

Le plan du parcours

Avant chaque épreuve le plan du parcours est affiché où apparaissent les informations suivantes :

- l'emplacement des obstacles, leur profil et leur numéro ;
- l'emplacement des lignes de départ et d'arrivée ;
- le sens dans lequel chaque obstacle ou passage obligatoire doit être franchi indiqué par une série de flèches ;
- les éventuels points de passage obligatoire (autres que les lignes Départ-Arrivée) ;
- la distance ;
- la vitesse imposée ;
- le temps accordé.

Un plan indiquant les obstacles du parcours est fourni à chaque participant ou à chaque responsable de club.

Détendre sa monture

La détente se déroule sur le terrain d'entraînement ou paddock, et a pour but de préparer (moralement et physiquement) un couple (cavalier / cheval ou poney) à un parcours. Elle comporte deux phases :

- la détente générale qui comprend un échauffement musculaire et des exercices sur le plat visant à vérifier les réponses aux aides et l'impulsion (mise en avant, mise aux ordres) ;
- la détente spécifique qui comprend des franchissements d'obstacles en mettant petit à petit votre monture dans les conditions du cross.

Ces différents exercices sont abordés progressivement, dans le calme et la décontraction.

Galopez quelques minutes avant le départ pour préparer progressivement votre monture à l'effort respiratoire et cardiaque qu'elle devra fournir sur le cross.

La détente doit être adaptée au caractère et au tempérament de votre monture (chevaux et poneys sont plus ou moins émotifs, plus ou moins « chauds » ou au contraire lymphatiques, ...). Elle ne doit être ni trop longue, ce qui provoquerait une éventuelle fatigue, ni trop courte, ce qui entraînerait une grande précipitation et un manque d'échauffement.

Vous devez suivre le règlement officiel en vigueur de la Fédération Française d'Equitation et toutes les règles de sécurité et les règles de courtoisie :

- le respect des priorités ;
- le sens de franchissement des obstacles d'essai (indiqué par les fanions) ;
- le port obligatoire du casque ;
- le respect du commissaire au paddock ;
- le respect des autres concurrents.

Attention : si l'obstacle d'essai est encombré, vous devez laisser la place aux concurrents qui vous précèdent (par ordre de numéro).

Profitez du temps d'attente précédant votre départ pour mémoriser une dernière fois le parcours et vous concentrer.

Vous équiper et équiper votre monture

Pour participer à une épreuve de cross, le cavalier doit avoir un équipement spécifique obligatoire :

- un casque sans visière (avec ou sans toque) ;
- un gilet (appelé protège-dos) de protection.

Nous vous conseillons de mettre des gants, un vêtement à manches longues et de prendre une cravache de dimension réglementaire.

Vérifiez si vos éperons sont réglementaires.

Comme avant toute épreuve, vous devez contrôler votre matériel de sellerie :

- les coutures des étrivières et des cuirs en général ;
- la sangle ;
- les contre-sanglons ;
- les rênes ;
- les couteaux.

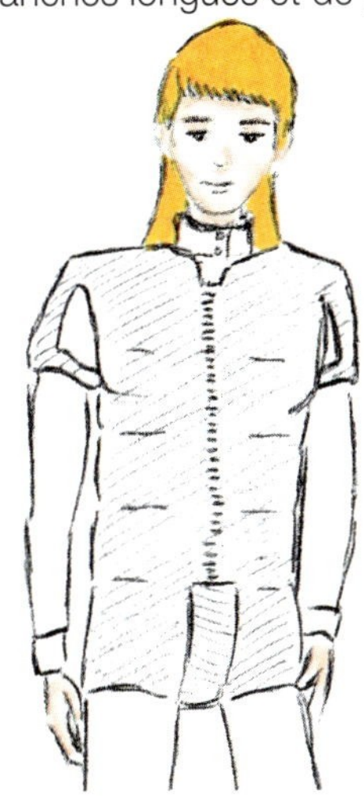

Protège-dos avec épaulettes

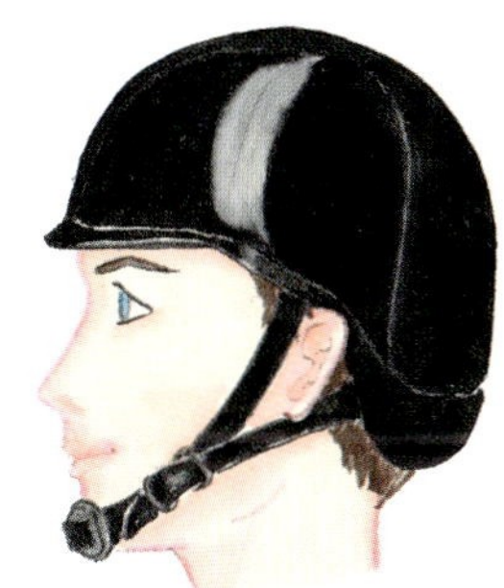

Casque de cross (sans la toque)

Protège-dos

Protégez les membres antérieurs de votre monture avec des guêtres fermées, les membres postérieurs avec des guêtres hautes. Nous vous déconseillons les bandes de « polo » ainsi que les doublures trop épaisses des guêtres qui peuvent se gorger d'eau.

Vous devez mettre des cloches dès que vous avez posé les crampons.

Les déclivités du terrain pouvant déplacer la selle, nous vous conseillons de mettre une bricole ou un collier de chasse pour éviter qu'elle recule, avance ou tourne.

La sursangle offre une sécurité supplémentaire.

Les rênes en tissu avec arrêtoirs en cuir, sont celles qui glissent le moins en cas d'intempéries.

Vous pouvez tresser quelques crins de la crinière avec les crins du toupet par-dessus la têtière, pour maintenir le filet en toutes circonstances.

Vous pouvez également tresser la queue et la remonter, afin qu'elle ne retienne pas la boue ou ne s'arrache dans d'éventuels branchages.

Soigner sa monture après une épreuve

Marchez en main votre cheval ou votre poney pour favoriser sa récupération. Vous pouvez, dès que son rythme respiratoire est redevenu normal, passer un couteau de chaleur (pour éliminer la sueur), le doucher en fonction des conditions météorologiques, puis le couvrir avec une couverture ou une chemise (en éponge ou nid d'abeille).

Vous pouvez, une fois sec, masser le dos et les articulations et, si nécessaire, posez des bandes de repos (avec ou sans lotion astringente).

PHOTO PSV JEAN MOREL

Cheval longé lors d'une compétition de voltige

Le travail à pied

***Le travail à pied fait partie** de la formation d'un cheval ou d'un poney, du niveau élémentaire au plus haut niveau.*

Il est utilisé comme gymnastique, comme base de dressage ou comme perfectionnement.

Il peut être employé aussi comme détente et, dans certains cas, pour faire travailler un cheval ou un poney qui ne peut être monté (blessure au garrot, au passage de sangle, ...).

Dans tous les cas, protégez les membres avec des guêtres ou des bandes de « polo » (indispensables si vous utilisez une chambrière à long fouet, la mèche risque de se coincer dans les boucles des guêtres).

Par mesure de sécurité, ne portez jamais d'éperons et mettez des gants.

Utilisez une longe en coton, les dimensions idéales étant une longueur de 8 mètres minimum pour une largeur 2,5 centimètres et une épaisseur de 2 millimètres. Les dimensions de la chambrière étant pour le manche 3 mètres minimum et pour la mèche 4,50 mètres, ce qui permet une action de 7,5 mètres de rayon. Il existe des chambrières beaucoup plus petites, elles sont moins efficaces et moins précises.

Le harnachement

Vous pouvez utiliser comme harnachement un caveçon ou un filet simple.

Sur un filet, la longe peut :

- se fixer à l'anneau du mors (dans ce cas, un mors à aiguille est obligatoire, ou bien un mors de filet avec des rondelles) ;

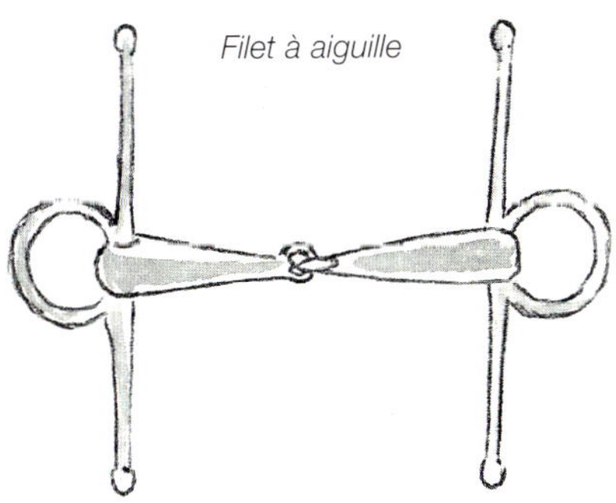

Filet à aiguille

- se mettre à la Colbert, elle a alors une action sur la nuque ;
- se passer en gourmette, son action sur la bouche est alors plus dure.

L'enrênement s'ajuste progressivement après la détente. Le choix de l'enrênement sera guidé par votre enseignant et adapté aux besoins du cheval ou du poney.

Longe sur caveçon

Longe en « Colbert »

Longe en « gourmette »

Longe sans mousqueton en prise directe

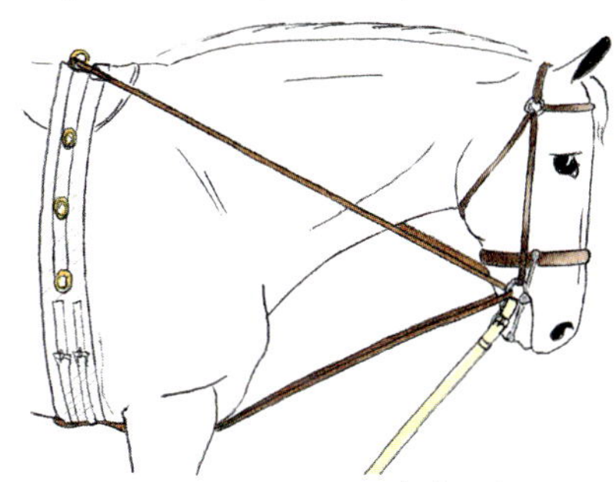

Rênes coulissantes en grand triangle

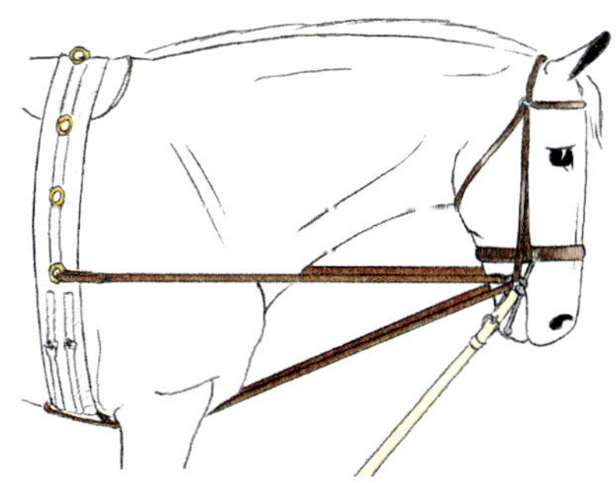

Rênes coulissantes en triangle inférieur

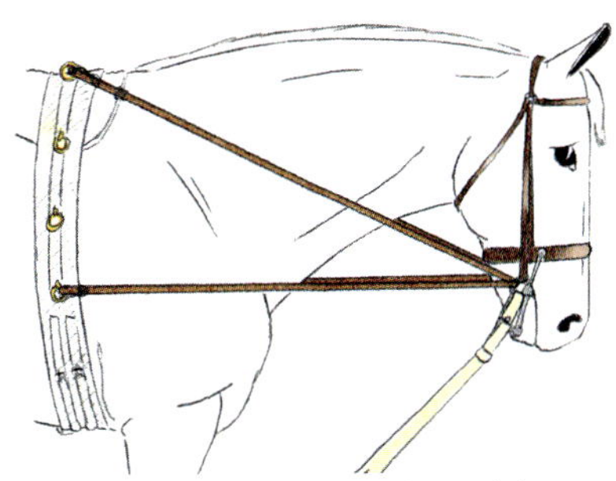

Rênes coulissantes en triangle supérieur

La longe au Galop 6

Dans un environnement aménagé, *vous devez être capable de longer, aux deux mains, au pas et au trot, un cheval ou un poney enrêné par votre enseignant et au préalablement détendu.*

Les conditions pour longer

Vous pouvez utiliser un rond de longe, une carrière, un manège de 40 mètres par 20 mètres divisé en deux, ou toute autre surface plane et délimitée de cette dimension. Le cheval ou le poney est alors guidé par les côtés.

Au niveau du galop 6, la qualité du travail à la longe dépend de la tension constante de la longe et du respect du cercle par le cheval ou le poney. Plus tard rentreront en jeu les maîtrises de l'équilibre longitudinal et de l'équilibre latéral du cheval ou du poney.

Vous devez maintenir un contact permanent, entretenu par la voix et, éventuellement, l'action impulsive de la chambrière.

Portez une attention constante à votre cheval ou votre poney en contrôlant son attitude et son activité (une séance de longe n'est pas une promenade en laisse).

La place du longeur

La place du longeur est très importante. Le cercle sur lequel tourne le cheval ou le poney est environ de 12 à 18 mètres, selon son degré de dressage.

Pour conserver cette régularité, déplacez-vous sur un plus petit cercle en restant parallèle au cheval ou au poney, à la hauteur du surfaix, le nombril dans la direction du passage de sangle.

Pour conserver votre équilibre, vos épaules sont effacées, vos genoux légèrement fléchis. Vous êtes ainsi à un des sommets du triangle formé entre la monture, la longe et la chambrière.

Longeur :
Position en tenant la longe à deux mains.
Epaules effacées.
Genoux légèrement fléchis.
Jambe gauche-pivot.

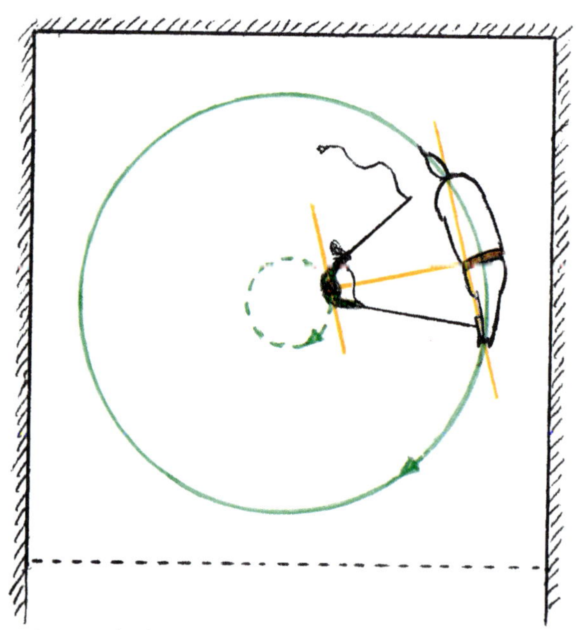

Longeur évoluant sur un petit cercle, face au cheval (poney), et parallèlement à lui, nombril à hauteur du passage de sangle.
Aire aménagée.

Les aides

Votre cheval ou votre poney répond à un code, appris au cours de son dressage. Pour communiquer avec lui, vous devez connaître ce code et employer différentes aides :

- la voix (s'utilise avec un ton court et ascendant en accentuant la première syllabe pour faire avancer, un ton long et descendant pour faire ralentir) ;
- la chambrière (agit, associée à votre voix, pour créer ou maintenir l'activité, contrôler ou conserver l'équilibre, et pour arrêter) ;
- la main (maintient le contact, agit pour freiner, diriger et maintenir l'équilibre).

Ces aides agissent, cèdent ou résistent de façon coordonnée entre elles. Comme à cheval, c'est par l'indépendance et l'accord de vos aides qu'une bonne communication s'installe.

Attention ! Votre longe doit être constamment tendue :

- ***par un contact confiant et moelleux entre la bouche du cheval ou du poney et votre main ;***
- ***par le maintien de l'activité des hanches.***

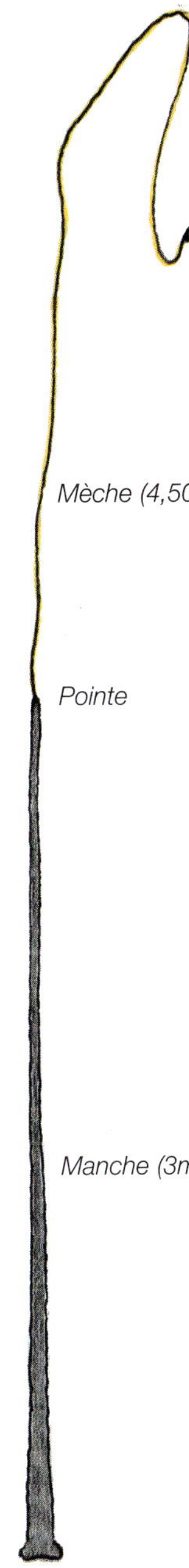

Chambrière

La tenue de la longe

La main qui longe est celle du côté où évolue le cheval ou le poney. La longe est tenue :

- soit avec les deux mains (galop 6) ;
- soit dans une seule main (galop 7).

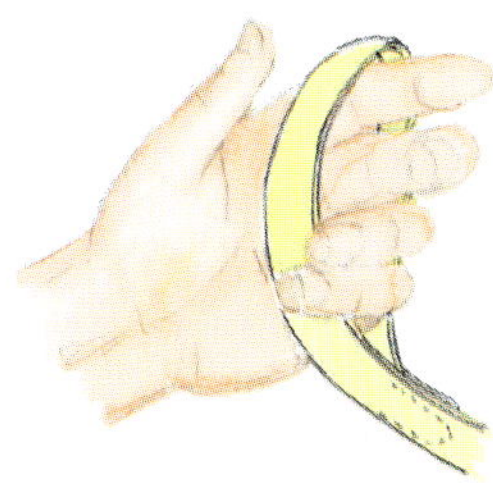

Tenir la poignée de longe

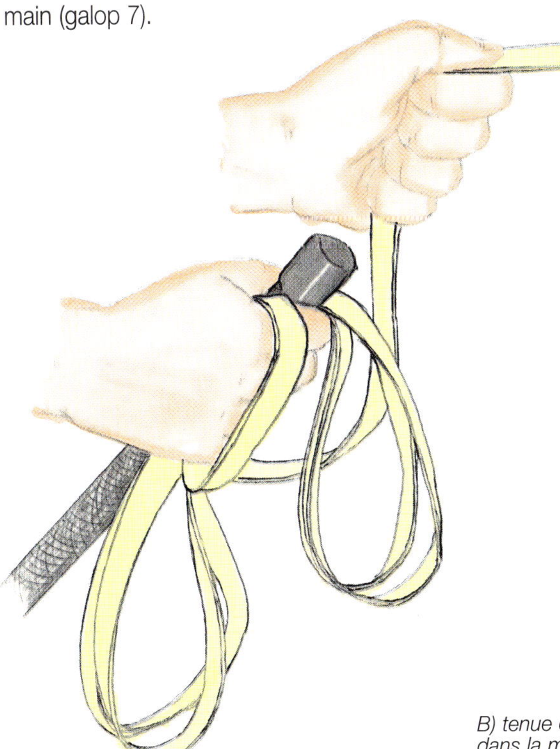

Tenues de la longe (longer à main gauche), à deux mains, longe lovée en huit dans la main droite :

A) tenue en « longe » dans la main gauche,

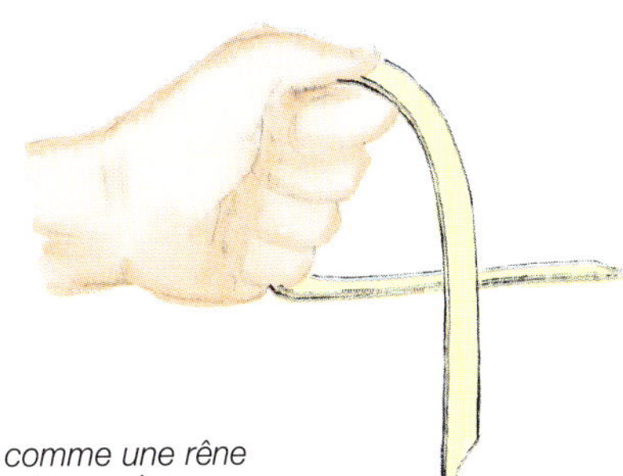

B) tenue comme une rêne dans la main gauche.

Tenue de la longe dans une seule main

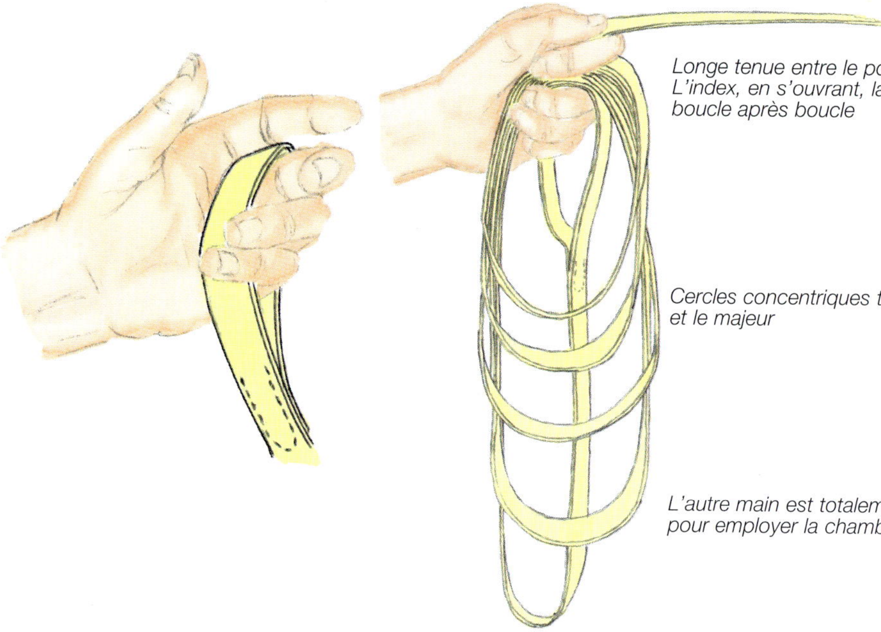

Emploi et effet de la chambrière

La tenue de la chambrière détermine la nature de l'exercice demandé sur le cercle. Le cheval ou le poney perçoit très fortement l'orientation que vous donnez à la chambrière et réagit en conséquence. Veillez donc toujours à ne pas avoir de mouvements trop vifs, pour ne pas l'effrayer.

La chambrière vous permet, en fonction de sa position (comme vos jambes lors du travail monté) :
- de faire avancer ou arrêter ;
- d'équilibrer latéralement ;
- d'équilibrer longitudinalement.

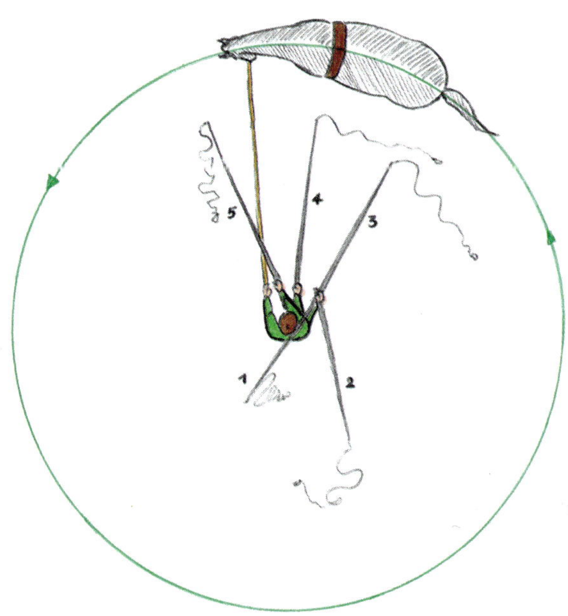

1) Reposant sur l'épaule ou dans le pli du coude, pointe vers le haut : repos

2) Derrière le longeur, pointe au sol, tenue comme une cravache : pas d'action (neutre)

3) Pointe vers la queue : action impulsive et équilibrante

4) Pointe vers la sangle : action directrice et équilibrante

5) Pointe en avant de la tête : action freinante et équilibrante

Mettre le cheval ou le poney sur le cercle

En restant au centre du cercle, demandez, en conservant le contact, au cheval ou au poney de s'éloigner de vous (et du centre du cercle). Laissez glisser progressivement la longueur de longe nécessaire sans reculer.

Comment réagir ?

SI le cheval ou le poney coupe le cercle, ALORS agissez avec la pointe, votre chambrière en direction du passage de sangle.

SI le cheval ou le poney accélère, ALORS amenez la pointe de la chambrière en avant du cheval ou du poney, en la faisant passer derrière votre propre tête ; déplacez-vous en avant de la ligne du surfaix ; utilisez votre voix pour le freiner.

Changer de main

Changer de main sur le cercle lorsque la longe est fixée directement sur le mors.

1) Arrêter le cheval ou le poney sur le cercle

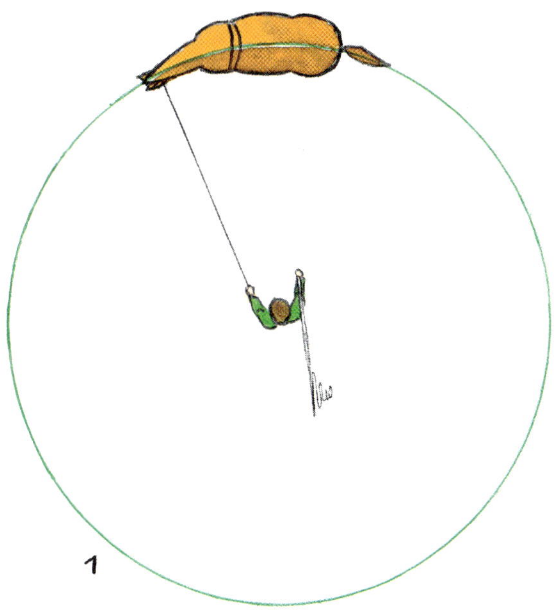

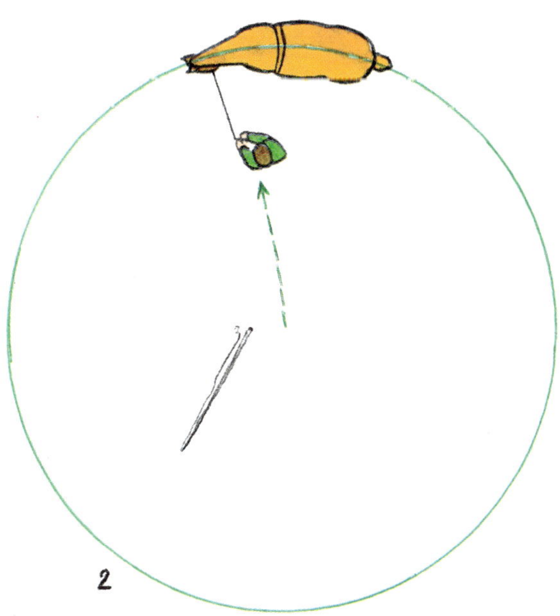

2) Remonter à sa tête en conservant la longe tendue

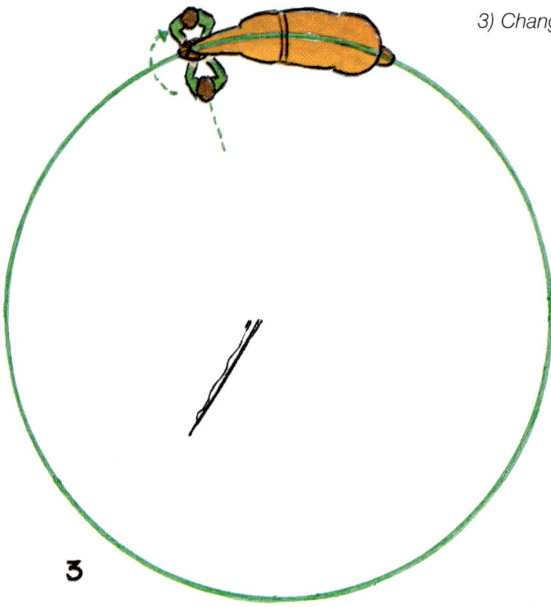

3) Changer la longe de côté.

3

4) Amener le cheval ou le poney en main jusqu'au centre du cercle.

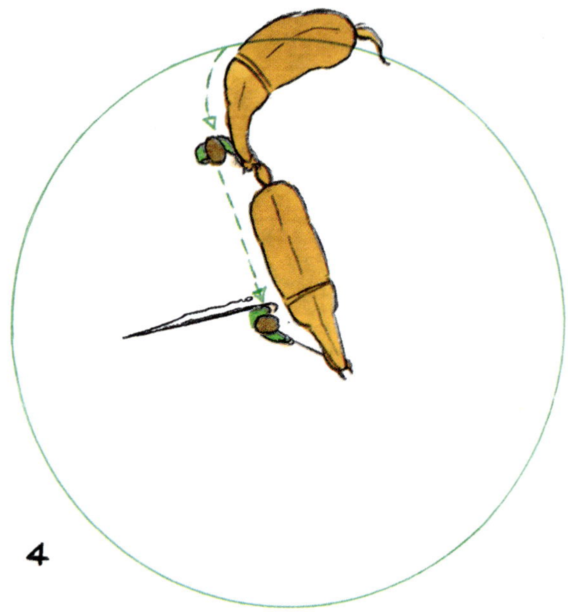

4

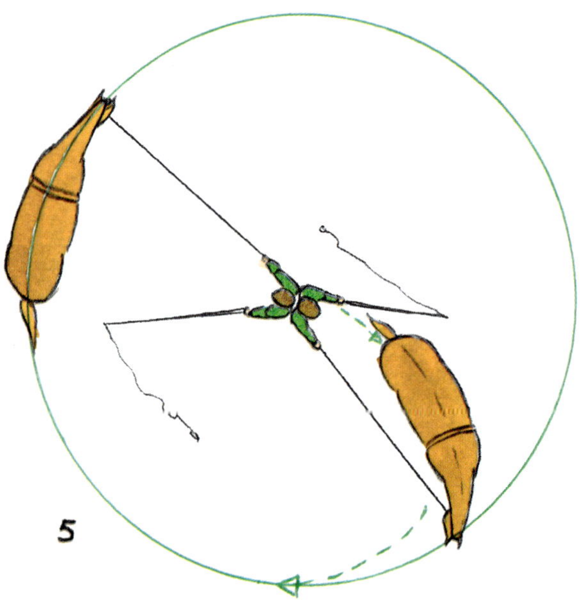

5

5) Se placer au centre du cercle et pousser doucement le cheval ou le poney sur le cercle. Le réinstaller à l'autre main.

> ***Lors d'une séance de longe, prévoyez des pauses pour reposer votre monture.***
>
> ***Vous devez toujours respecter une symétrie dans le travail et sauf cas particulier, longez votre cheval ou votre poney le même temps à chaque main.***

A la fin de la séance

- arrêtez votre cheval ou votre poney sur le cercle ;
- glissez la chambrière, pointe vers le sol, sous le bras en direction de votre dos ;
- remontez vers la tête de votre cheval ou votre poney en raccourcissant la longe pour conserver le contact avec le caveçon ou la bouche. La longe doit être sur le plat pour constituer les boucles en huit ou en cercle, orientez toujours vos pouces vers la bouche et sur le dessus du plat de la longe.

La longe au Galop 7

Pratique

Au niveau du Galop 7, *vous devez être capable de longer, aux deux mains, un cheval ou un poney restant au bout de sa longe dans les trois allures et déplacer le cercle au pas et au trot.*

La place du longeur

La tenue de la longe est identique à celle du galop 6.

La longueur est stable.

Lorsque vous longez un cheval ou un poney à main gauche, pivoter autour de votre talon gauche sans vous déplacer.

Cette position doit toutefois s'adapter au comportement du cheval ou du poney (en cas d'écart, accompagnez souplement ses mouvements pour ne pas le contracter en le bloquant).

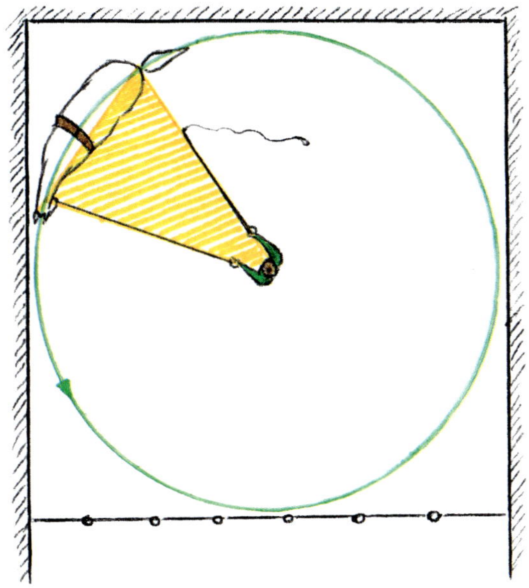

Triangle : cheval (poney)/longe/Longeur/Chambrière,
Longeur pivotant autour de son talon gauche
Longe tenue dans une seule main

Déplacer le cercle

Pour déplacer le cercle sur lequel évolue votre cheval ou votre poney :

- déplacez-vous en ligne droite sur le côté parallèlement à votre cheval ou votre poney en conservant le contact ;
- conservez votre nombril dans l'axe du surfaix ;
- restez en phase avec l'allure.

> ***Au début : ne déplacez le cercle que de quelques mètres, stabilisez votre cheval ou votre poney sur le nouveau cercle décrit avant de reprendre le déplacement.***

Installer le cheval ou le poney sur le cercle (à main gauche)

Déplacer le cercle

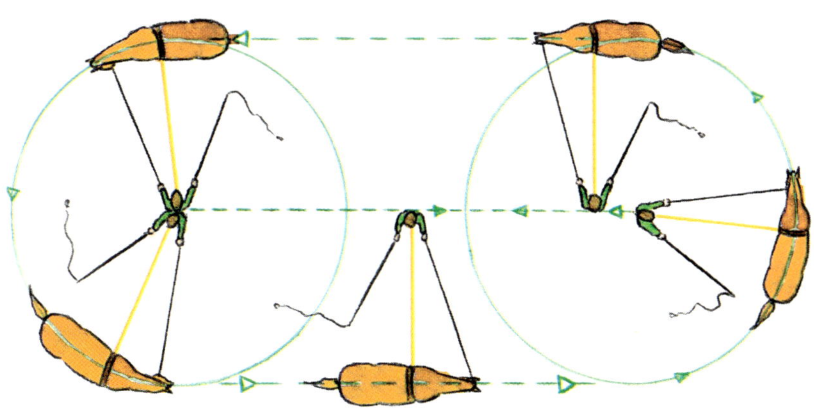

Réinstaller le cheval ou le poney sur le nouveau cercle

Se déplacer en ligne droite sur la ligne passant par le centre des cercles, nombril à hauteur du surfaix, contact conservé avec une longe tendue

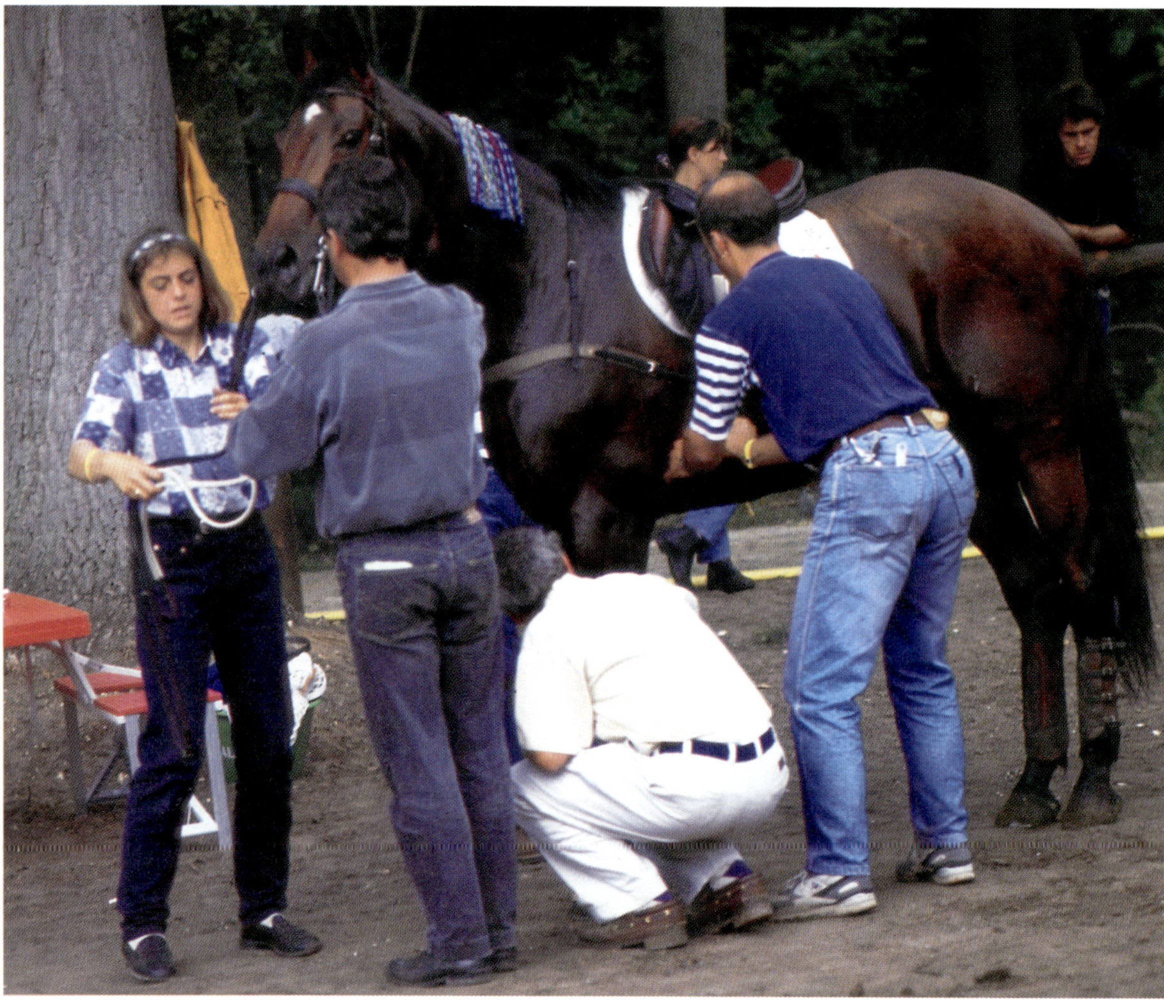
Photo Béatrice FLETCHER

Soins lors des « 10 mn » d'un C.C.E.

Les soins au Galop 5

Au niveau du Galop 5, *vous devez savoir poser des bandes de repos et des crampons.*

Poser des bandes de repos

Après un effort (concours, randonnée ou long trajet), il est recommandé de mettre des bandes de repos pour éviter un engorgement des tendons dû à la fatigue.

Avant de poser les bandes, nettoyez parfaitement les membres en enlevant la boue et le sable qui pourraient être abrasif et causer des irritations.

Utilisez des cotons propres, suffisamment grands et épais que vous pouvez imbiber ou non de lotions astringentes (astringent : qui resserre les tissus).

Placez le coton autour du membre, les bords se chevauchant sur le devant du canon, en évitant tout pli (surtout au niveau des tendons).

En maintenant le coton, déroulez la bande en commençant en haut, contre la face interne du genou ou du jarret, descendez régulièrement par des tours se chevauchant de trois quarts, sans pli, en englobant ou non le paturon selon les consignes de votre enseignant, remontez et fixez le « velcro » ou les cordons en haut du canon.

Evitez de serrer exagérément les bandes car elles comprimeraient alors le membre et entraveraient la circulation.

> ***Lorsque vous devez mettre des bandes plusieurs jours de suite, enlevez-les et replacez-les chaque jour.***

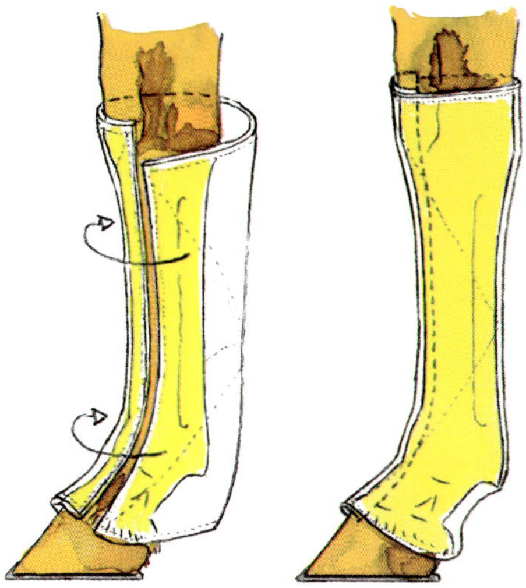

Pose du coton

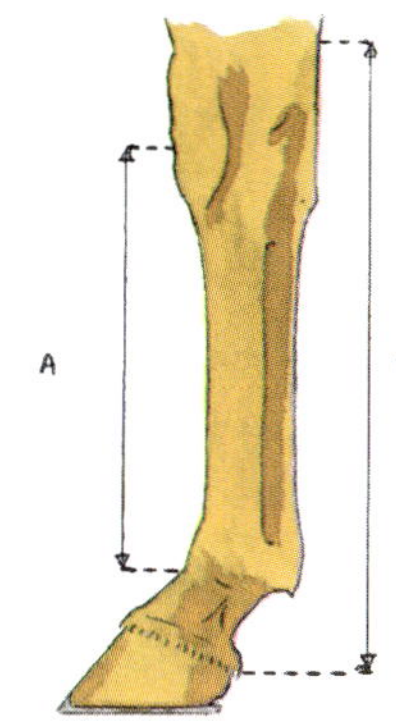

Deux dimensions possibles pour les cotons :

A : Rôle de conservation de la chaleur

B : Rôle de conservation de la chaleur et de protection des articulations

Coton piqué croisé

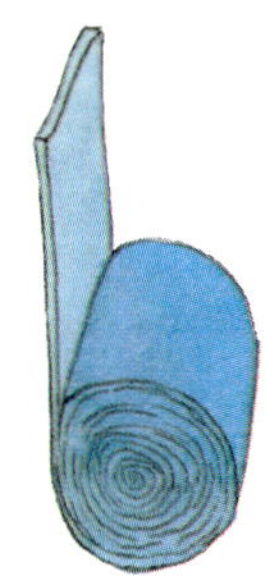

Bande de repos

Pose du coton et d'une bande de repos

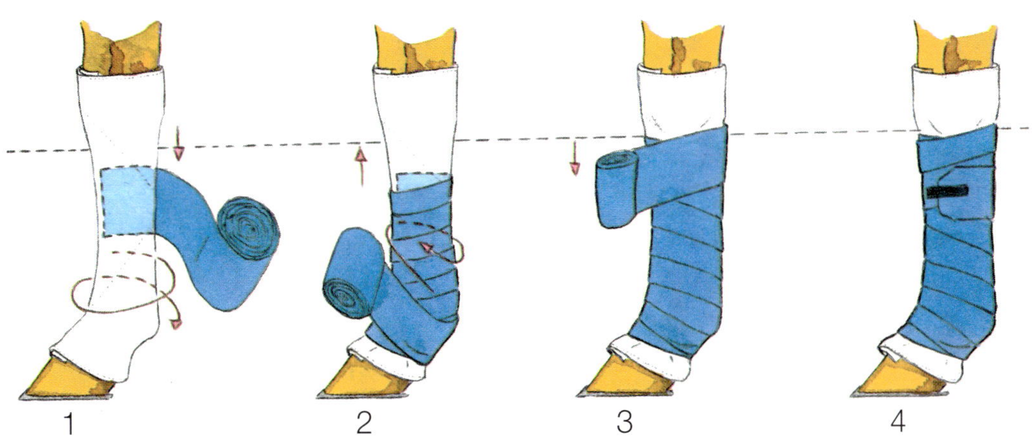

Démarrer la bande en face interne

Descendre la bande régulièrement

Remonter jusqu'à l'articulation supérieure

Fermez le « velcro » à l'attache sur le côté externe

Poser des crampons

Les crampons évitent de glisser sur certains sols (d'herbe rase, sèche, humide ou en terrain boueux).

Pour poser des crampons, vous devez prendre des précautions et disposer d'un matériel adapté.

Suivant les besoins, posez deux crampons à chaque antérieur et chaque postérieur, ou bien deux crampons à chaque antérieur et un seul crampon, à l'extérieur, à chaque postérieur.

Selon les terrains, utilisez des crampons plus ou moins longs et de formes différentes (arrondies, carrées ou à pointe de tungstène).

La veille de l'épreuve, préparez les mortaises en enlevant la boue à l'aide d'un clou un peu long, dégagez le pas de vis avec le taraud, bourrez la mortaise avec un coton imbibé de graisse à pied ou vissez avec un bouchon spécial.

Avant l'épreuve, ôtez les cotons, vissez à fond les crampons avec la clé à crampons en prenant garde de ne pas soulever le fer.

Prévoyez de protéger votre monture avec des cloches et des guêtres ou, si elle reste au box, avec des bandes de repos afin d'éviter d'éventuelles atteintes.

Mettez une bavette ou une sangle bavette, si votre monture trousse très fort des antérieurs sur les sauts pour éviter les blessures.

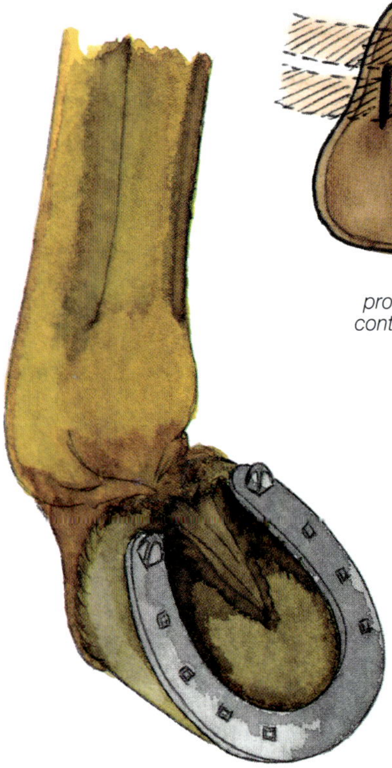

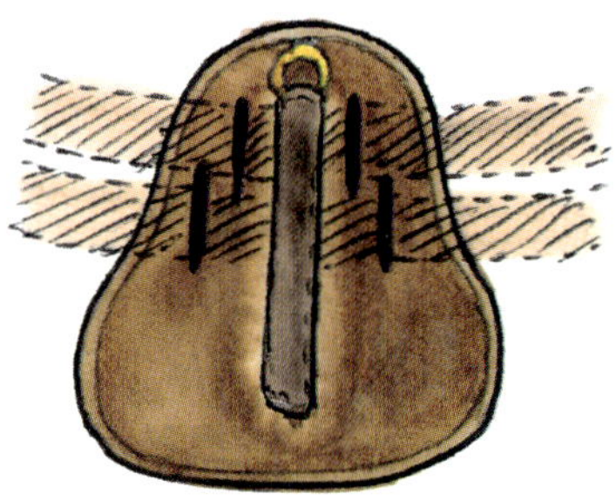

Bavette : protection ventrale contre les crampons

Crampon à visser à tête ronde

Crampon à visser à tête carrée

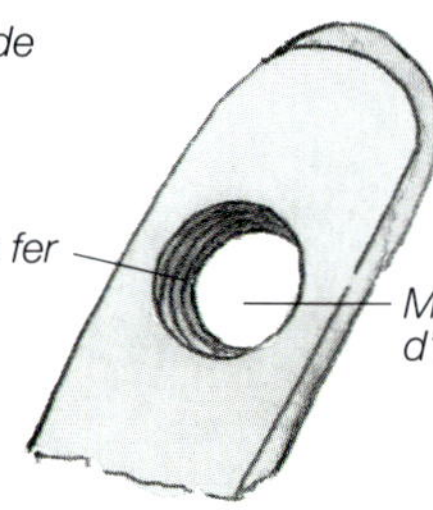

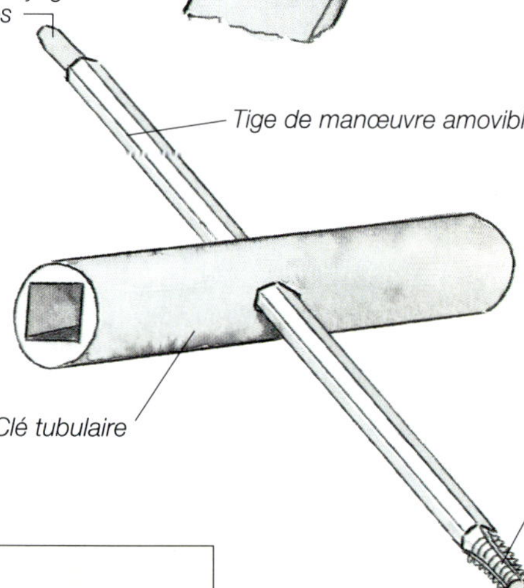

Clé tubulaire et sa tige de manœuvre

> ***Attention !***
> - ***Ne posez pas vos crampons trop à l'avance et enlevez-les dès la fin de l'épreuve ;***
> - ***Ne transportez jamais un cheval ou un poney sans lui avoir retiré ses crampons.***

Les soins au Galop 6

***Au niveau du Galop 6,** vous devez savoir présenter un cheval ou un poney en main*

Présenter un cheval ou un poney

Lorsque vous présentez votre monture pour apprécier son modèle et ses allures, vous devez le faire dans certaines conditions.

Vous devez la présenter propre et si possible toilettée.

Mettez lui un filet et prévoyez un aide muni d'une chambrière ou d'une longue cravache pour éventuellement la faire avancer.

La présentation se fait de profil par rapport aux observateurs (à 6 mètres environ) à l'arrêt puis au pas et au trot.

La présentation à l'arrêt

Choisissez un sol plat, ferme et non glissant, gardez votre monture dans une attitude naturelle sans lui imposer de contrainte, en vous plaçant de face loin de sa tête. Arrêtez-la, côté « hors crinière », les membres décalés de façon à ce qu'on puisse les voir séparément.

De profil, à 6 mètres du jury

Se placer face au cheval ou poney rênes détendues

Obliger le cheval ou poney à ouvrir son latéral côté jury

La présentation au pas et au trot

Faites marcher votre cheval ou votre poney d'un pas actif à votre hauteur, pour que l'on puisse juger du tracé des pistes des antérieurs et des postérieurs d'après l'ampleur et la souplesse du geste.

Puis faites-le trotter droit, d'une manière régulière en courant à côté de lui franchement (méfiez-vous des bonds de gaieté). Faites-le tourner en restant du côté extérieur.

Si cette présentation a lieu au cours d'une manifestation officielle (épreuve d'élevage, visite vétérinaire, ...), vous devez apporter le certificat d'origine ou document d'accompagnement de votre monture.

Courir franchement, à hauteur de l'épaule gauche, sans tirer sur les rênes

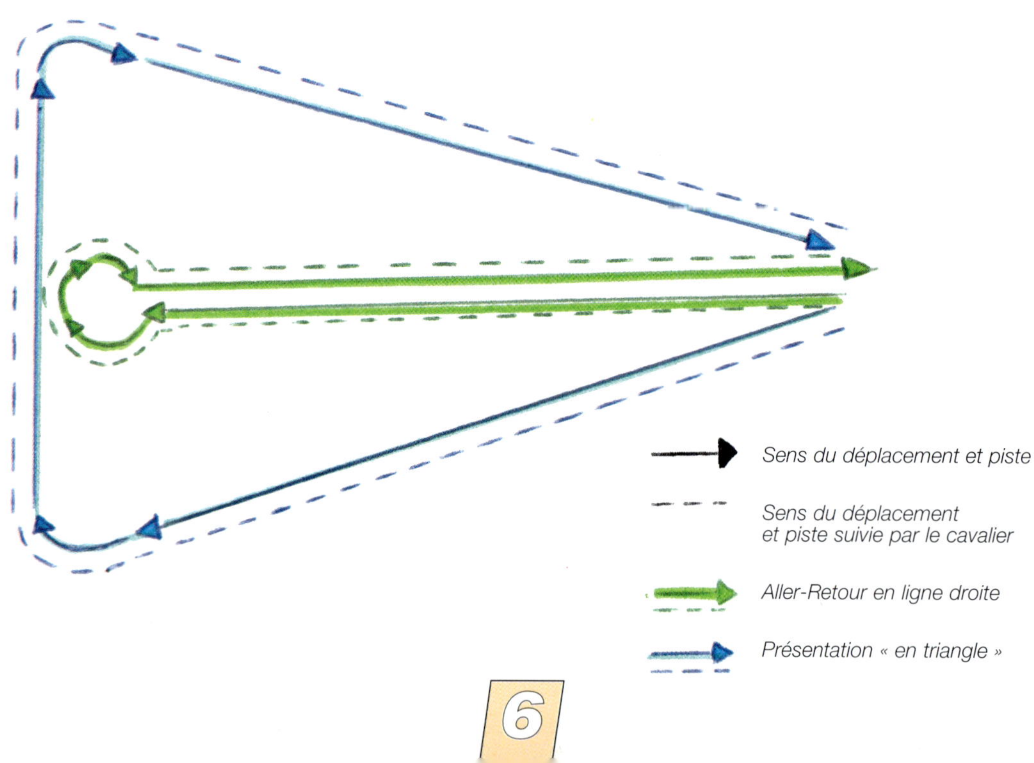

Les soins au Galop 7

Au niveau du Galop 7, *vous devez savoir toiletter votre monture, démonter, remonter une bride et embarquer un cheval ou un poney.*

Toiletter un cheval ou un poney

Pour présenter un aspect soigné, chevaux et poneys doivent être toilettés selon leur race et leur type sans tomber dans un excès qui manquerait de chic.

La crinière

La crinière peut être soit :

- laissée à tous crins ;
- égalisée et éclaircie ;
- rasée.

Quel que soit votre choix vous devez l'entretenir régulièrement.

Vous pouvez couper les crins pour dégager l'emplacement de la têtière.

Lorsque la crinière est rasée, le toupet peut être rasé, à tous crins ou éclairci.

Pour éclaircir et égaliser la crinière, démêlez-la soigneusement puis enroulez, par petite mèche, les crins les plus longs autour du peigne ou des doigts et arrachez-les d'un coup sec.

La longueur de la crinière dépend de vos goûts. Le critère classique est d'un travers de main au minimum.

Natter ou tresser

Il existe plusieurs façons de tresser, selon la nature de la crinière et la race du cheval ou du poney.

Vous pouvez tresser une crinière longue et épaisse à la française (ou tresse d'étalon), ou bien faire une série de petites nattes sur une crinière éclaircie et égalisée.

Pour faire une tresse à la française, employez la même technique que pour natter le haut de la queue (technique des tresses africaines).

Pour faire une série de nattes le long de l'encolure, vous devez humidifier les crins à l'aide d'une éponge ou d'un bouchon, puis les séparer en mèches très régulières.

Séparez chaque mèche en trois brins, nattez serré, posez un élastique puis repliez la tresse en trois et enroulez à nouveau un élastique autour.

Le nombre de tours de l'élastique est important car il détermine la régularité de l'orientation des nattes.

Par tradition, le nombre des nattes est souvent impair.

Vous pouvez, selon vos goûts, natter le toupet ou le laisser libre.

Natter (tresser) la crinière

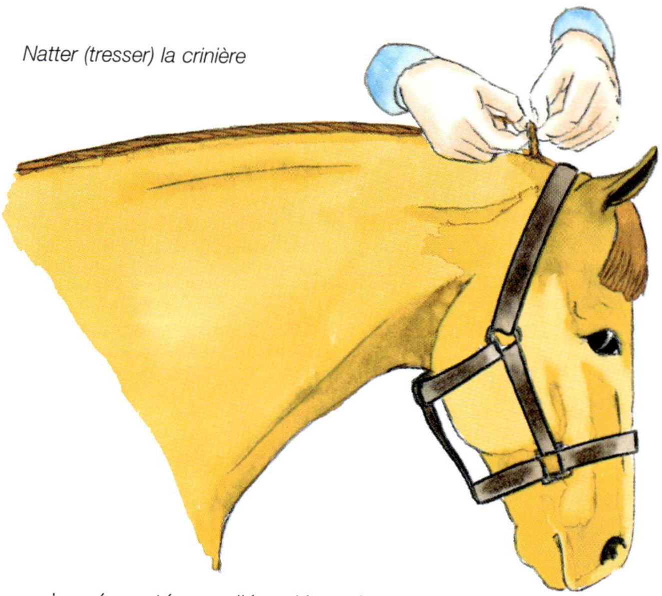

N'oubliez pas de « dénatter » après les épreuves. Dans le cas contraire, votre monture risque d'être gênée ou d'avoir la crinière endommagée.

Toiletter la queue

La queue peut être portée à tous crins, écourtée, repliée, dégagée ou nattée.

Raccourcir la queue

Même lorsque la queue est laissée à tous crins, vous devez en égaliser le fouet de temps en temps autrement. Le cheval ou le poney risque de marcher dessus en se relevant et de s'arracher des crins.

Pour écourter la queue, faites-vous aider par un autre cavalier qui tiendra un antérieur. Soulevez la queue, parfaitement démêlée, en passant l'avant-bras en dessous du couard pour qu'elle soit à la même hauteur que lorsque votre cheval ou votre poney marche.

Saisissez l'extrémité des crins, coupez les avec des ciseaux bien aiguisés, à un travers de main de la pointe des jarrets.

Vous pouvez dégager ou épiler le haut de la queue.

En prenant toutes les précautions de sécurité d'usage, arrachez les crins sur les côtés, à la naissance de la queue, en conservant les crins supérieurs.

Enlever les mêches de chaque côté du couard

Si la longueur de crins le permet, il vous est possible de natter le haut de la queue, tout le long du couard, en utilisant la technique des tresses africaines.

L'extrémité est soit repliée en boucle, soit laissée libre.

Dans certaines épreuves ou activités (cross, polo, etc.), la queue des chevaux ou des poneys est repliée.

Après avoir natté ou non le haut de la queue, séparez-la en trois brins, tressez, repliez-la puis fixez-la en serrant avec un élastique fort, du ruban adhésif, ou bien en l'emmaillotant avec une bande de travail.

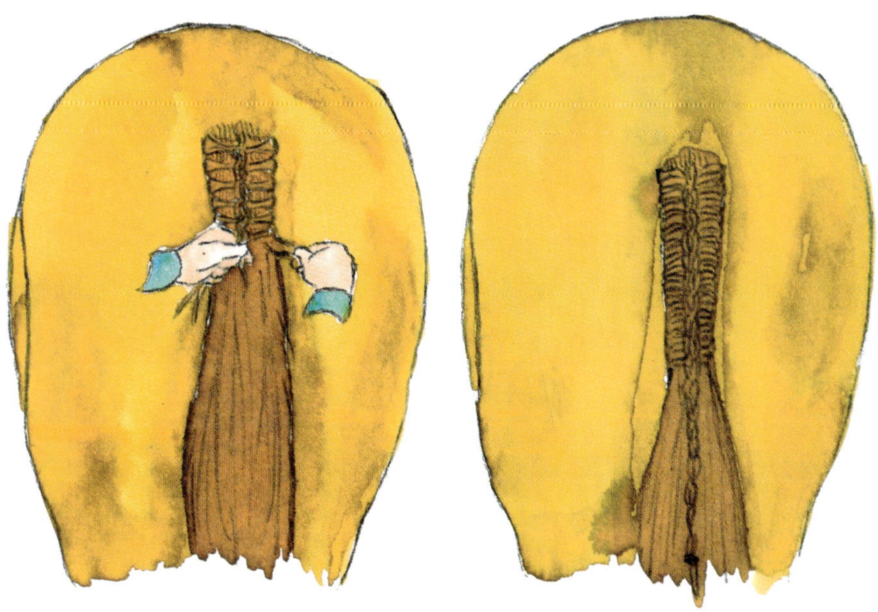

Natter (tresser) la queue

Couper les poils des oreilles

Pour égaliser les poils disgracieux qui dépassent des oreilles, fermez celles-ci de façon à ce que leurs bords soient à la même hauteur et à l'aide de ciseaux, coupez les poils qui dépassent.

Attention ! Utilisez des ciseaux courbes afin d'éviter tout risque de blessure.

Tondre un cheval ou un poney

Généralement les chevaux ou les poneys sont tondus au début de l'hiver pour faciliter le pansage et l'évaporation de la sueur. De plus, la tonte facilite la mue (période ou le cheval change son poil d'hiver épais et long contre un poil d'été fin et court), presque toujours accompagnée d'une baisse d'état.

Il existe plusieurs types de tonte :

- la tonte de chasse ;
- la tonte totale ;
- la tonte en manteau.

Pour des raisons esthétiques, les membres peuvent être tondus sans couper trop ras les fanons afin d'éviter les crevasses.

Tonte de chasse

Tonte de course

Démonter, remonter une bride

Pour entretenir régulièrement les cuirs et les aciers d'une bride vous devez savoir la démonter entièrement puis la remonter.

Pour démonter une bride, défaites chaque boucle.

Sériez les différentes parties par appartenance :

- montants de filet, mors de filet et rênes de filet ;
- montants de bride, mors de bride, gourmette, fausse gourmette et rênes de bride ;
- montants de muserolle et muserolle ;
- frontal et têtière.

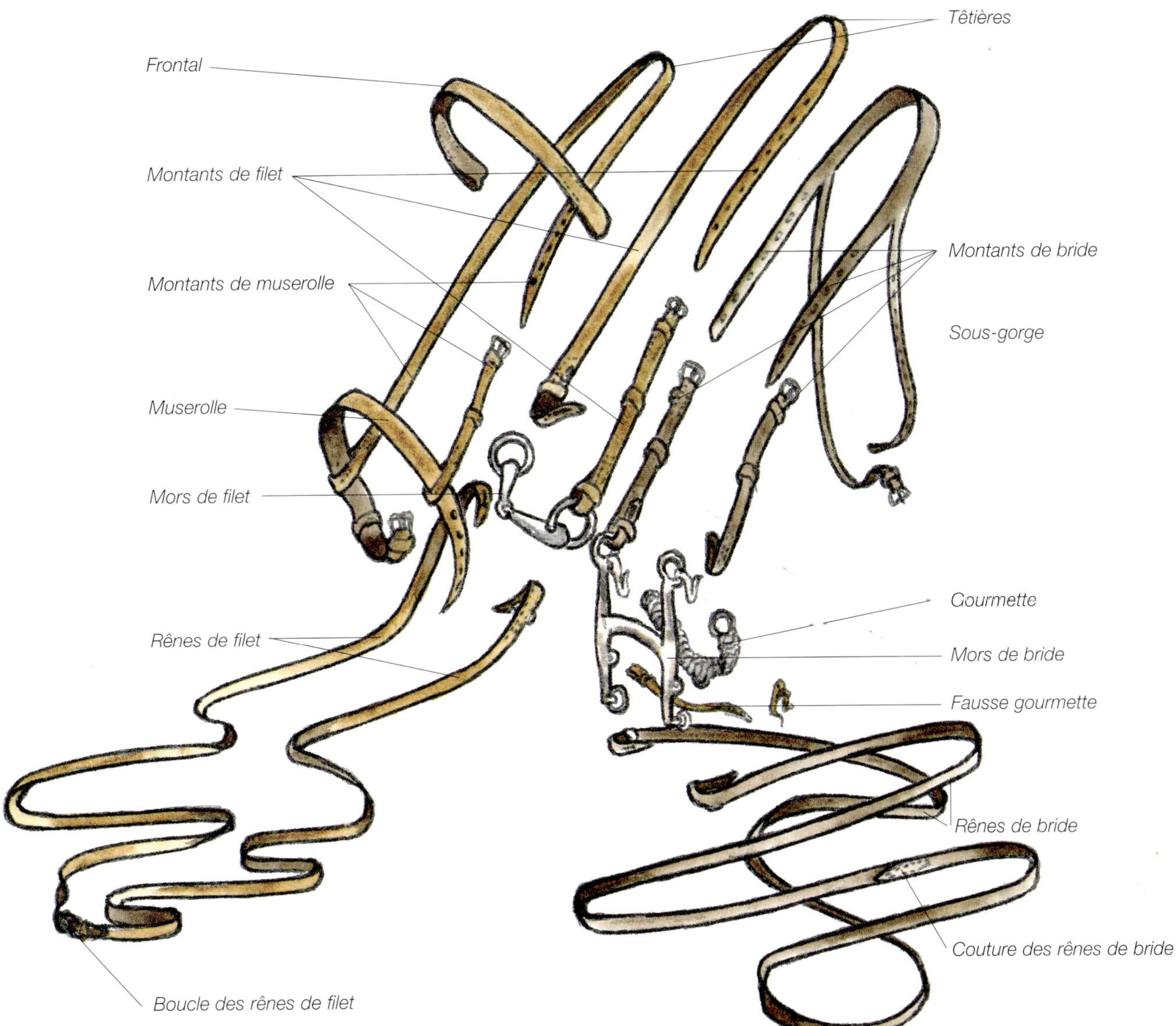

Vous êtes prêt à la remonter :

- glissez le frontal dans la têtière ;
- bouclez les montants de bride sur la têtière ;
- posez le mors de bride en y attachant les rênes ;
- glissez le montant de filet le plus long sous la têtière, en vérifiant que la boucle d'attache de l'autre montant est bien à gauche ;
- bouclez l'autre montant ;
- posez le mors de filet en y attachant les rênes ;
- mettez la muserolle avec les mêmes précautions que pour les montants du filet ;
- attachez la gourmette et la fausse gourmette.

Vérifiez que les mors sont bien à leur place respective (le mors de filet étant le plus près de la sous-gorge).

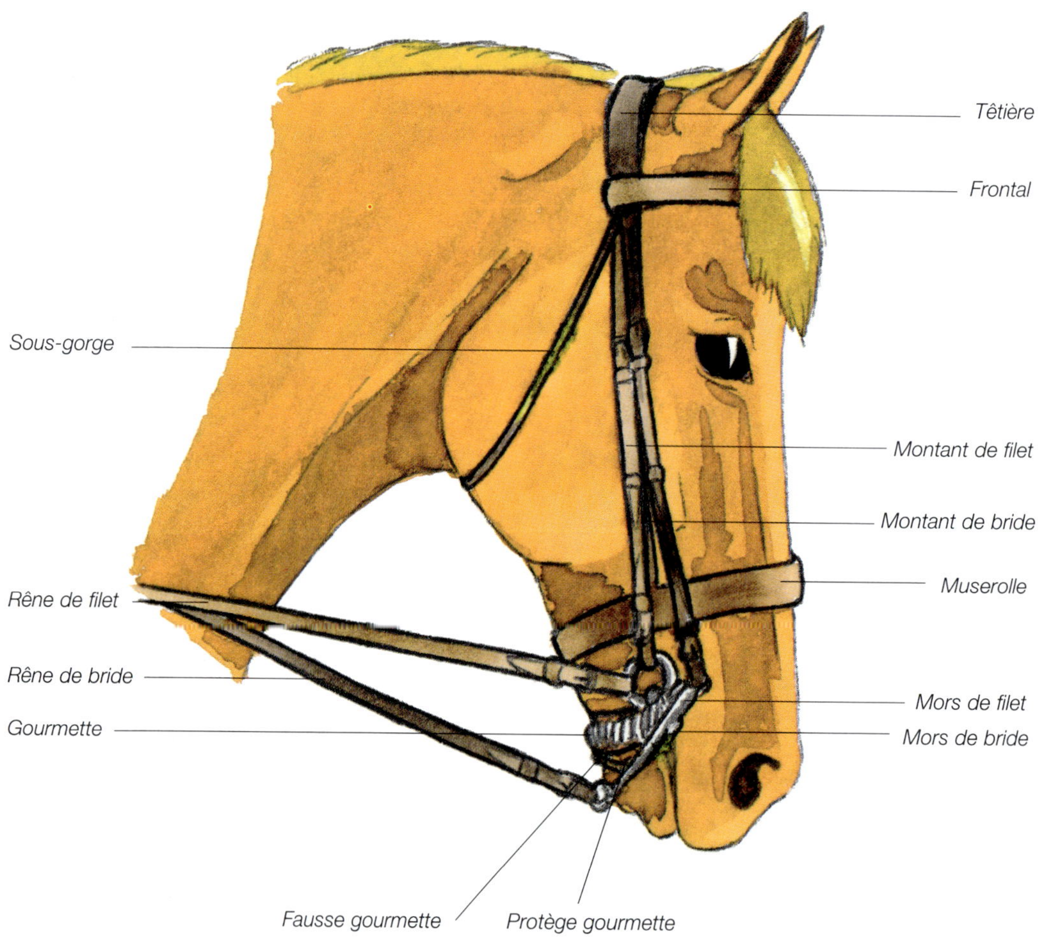

Embarquer un cheval ou un poney

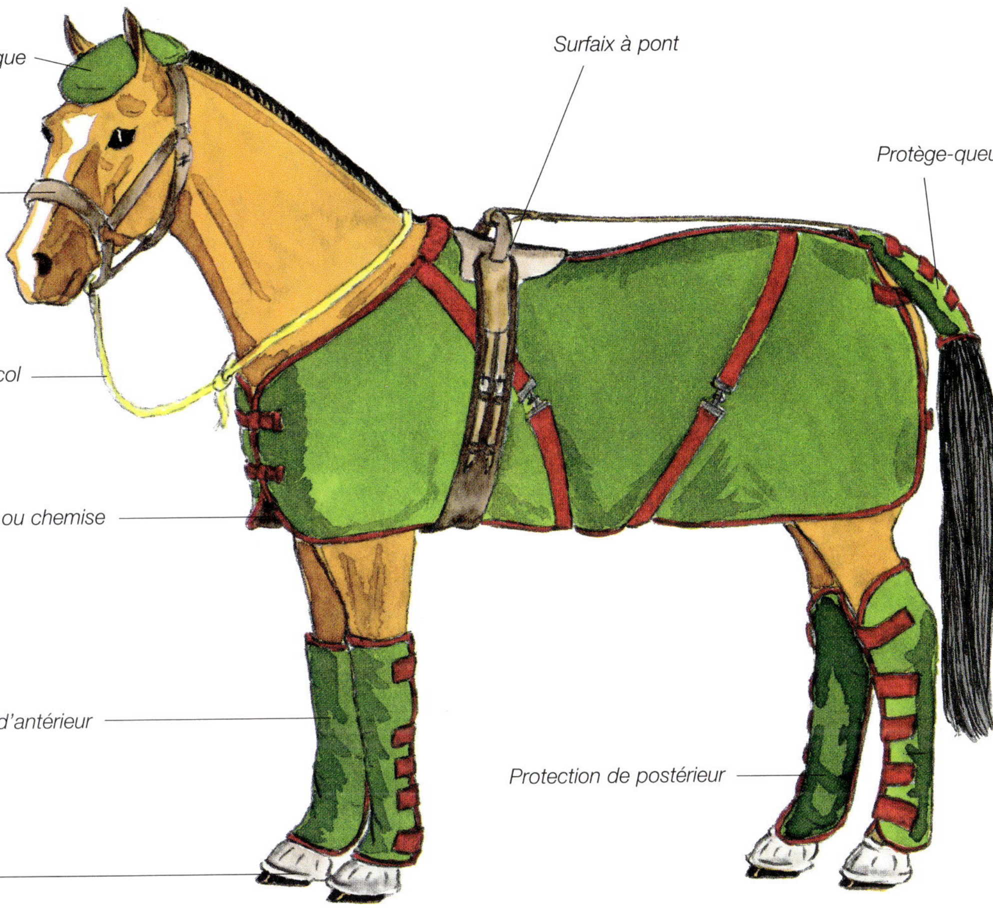

Protections de voyage

Embarquer

Embarquer un cheval nécessite des règles de sécurité et dépend du comportement du cheval ou du poney.

Avec une monture habituée à cet exercice : marchez franchement du côté gauche en précédant votre cheval ou votre poney sans tirer sur la longe et présentez-le au milieu du pont.

Une fois dans le van, si votre monture voyage en biais, faites-la tourner avec un aide qui tiendra les hanches. Installez-la entre les bat-flanc en l'attachant suffisamment court pour qu'elle ne puisse taquiner ses voisins (dans ce mode de transport les chevaux sont souvent placés tête-bêche).

Si votre monture voyage dans le sens de la marche, attachez-la uniquement lorsque la chaîne de sécurité est fermée et le pont remonté.

Lorsque vous transportez un seul cheval ou poney, attachez-le du côté gauche afin de compenser les éventuels déséquilibres dus au dévers de la route.

Avec une monture réputée difficile, faites-vous aider pour « encadrer » le cheval ou le poney.

Dans les cas rebelles, utilisez une ou deux longes que vous ferez passer au-dessus des jarrets. Vous pouvez aussi vous servir d'un mur pour encadrer le pont d'un côté.

Dans tous les cas, suivez les directives de votre enseignant.

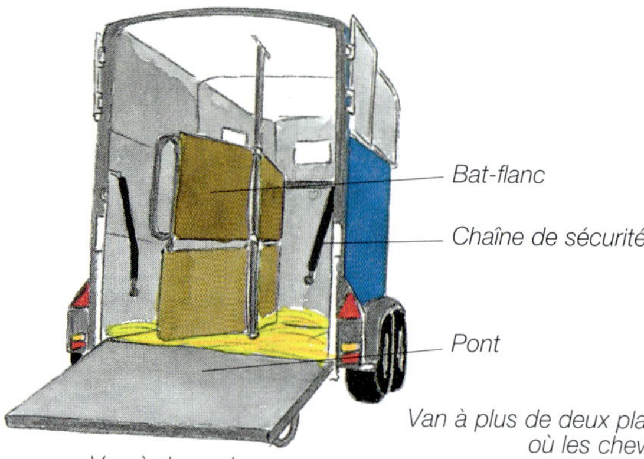

Van à deux places

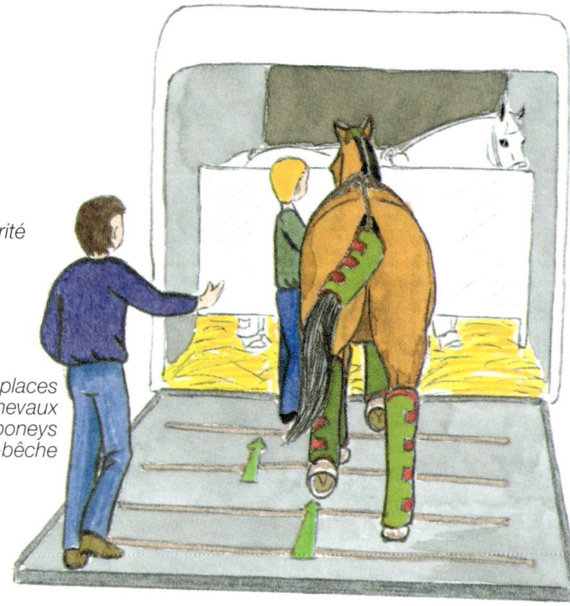

Van à plus de deux places où les chevaux et les poneys voyagent tête-bêche

Débarquer

Si votre monture voyage dans une remorque, détachez-la avant d'abaisser le pont. Puis faites-la reculer bien droit sans tourner sur le pont.

Si votre monture est transportée dans un camion, précédez-la en restant à côté d'elle afin de ne pas être bousculé si elle saute.

Que ce soit à la montée ou à la descente, il est impératif de rester dans l'axe du pont pour éviter tout mouvement dangereux sur le côté.

L'esprit sportif

Etre cavalier n'est pas seulement être un bon technicien.

La vie au sein du club, la responsabilité, la connaissance de votre monture ainsi que les soins que vous lui apportez feront de vous un véritable « homme de cheval ».

L'esprit sportif est une des composantes de cette notion « d'homme de cheval ».

Il se traduit, non seulement par le « fair-play » dans les épreuves, mais aussi par toute une série d'attitudes dans votre centre équestre et en compétition.

Dans votre club, c'est le respect :

- de vos enseignants ;
- des autres cavaliers ;
- de votre monture et de celles des autres ;
- des locaux ;
- des consignes ;

mais c'est aussi aider les jeunes cavaliers et les débutants, participer aux différentes activités (soirées, organisation de jeux ou animations).

Lors des compétitions, c'est le respect :

- du règlement ;
- des jurys et de leur jugement ;
- des autres concurrents et de leurs montures.

(S'engager dans une compétition c'est savoir que vous pouvez gagner mais aussi assumer des échecs).

Suivre ces règles de conduite ne sera pas facile en toutes circonstances mais il vous fera apprécier de tous et en particulier de votre monture.

PHOTO PSV JEAN MOREL

Eric Navet porté en triomphe

éditions
lavauzelle
B.P. n° 8
87350 **panazol**
paris cedex 75008
20, rue de St-Petersbourg

Dépôt légal : Novembre 1995
ISBN n° 2-7025-0382-9